진짜입니까?

진짜입니까?

지은이 | 이기용
초판 발행 | 2025. 1. 22
2쇄 발행 | 2025. 1. 23
등록번호 | 제1988-000080호
등록된 곳 | 서울특별시 용산구 서빙고로65길 38
발행처 | 사단법인 두란노서원
영업부 | 2078-3333   FAX | 080-749-3705
출판부 | 2078-3331

책 값은 뒤표지에 있습니다.
ISBN 978-89-531-5000-3 03230

독자의 의견을 기다립니다.
tpress@duranno.com   http://www.duranno.com

두란노서원은 바울 사도가 3차 전도여행 때 에베소에서 성령 받은 제자들을 따로 세워 하나님의 말씀으로 양육하
던 장소입니다. 사도행전 19장 8-20절의 정신에 따라 첫째 목회자를 돕는 사역과 평신도를 훈련시키는 사역, 둘째
세계선교(TIM)와 문서선교(단행본·잡지) 사역, 셋째 예수문화 및 경배와 찬양 사역, 그리고 가정·상담 사역 등을
감당하고 있습니다. 1980년 12월 22일에 창립된 두란노서원은 주님 오실 때까지 이 사역들을 계속할 것입니다.

불확실한 시대에 살아남을 사람들

진짜입니까?

이기용 지음

두란노

차례

Part 1	진짜는 이깁니다

Part 2	진짜는 구원합니다

우리의 인생은 광야를 걷는 여정과 같습니다. 춥고 덥고 배고픈 광야는 생명의 위협이 끊이지 않는 험난한 곳이지만 그 가운데서 우리는 하나님의 놀라운 기적을 깊이 경험할 수 있습니다. 오늘날처럼 불확실성과 혼돈이 가득한 시대에 우리는 믿음의 렌즈를 통해 신앙을 더욱 굳건히 세워야 합니다.

이 책은 어려운 상황에서 믿음을 지키고 더욱 견고히 세우는 방법을 구체적으로 제시합니다. 저자이신 이기용 목사님은 하나님의 기적을 기억하는 것이 믿음의 뿌리를 깊게 내리는 열쇠임을 강조하며 과거에 놀라운 일을 행하셨던 하나님께서 지금 이 순간에도 동일하게 역사하고 계심을 확신하도록 이끌어 줍니다. 또한 세상의 헛된 욕심이라는 불순물을 제거하고 믿음의 순도를 높이며 오직 주님만 사랑하는 삶으로 나아가도록 돕습니다. 흔들리지 않는 믿음의 삶을 갈망하는 모든 이들에게 이 책은 귀한 나침반이 되어 줄 것입니다.

이영훈 목사 | **여의도순복음교회 위임**

흙 속에 심긴 씨앗이 썩어 없어져야만 생명의 싹이 움트고, 마침내 풍성한 열매를 맺습니다. 마찬가지로 자신의 의지와 욕구를 하나님이 원하시는 뜻에 맡길 때 문제가 해결되고 믿음 안에서 살아갈 수 있습니다. 하나님이 내 아버지이심을 진짜로 믿는 사람은 이 땅에 발을 딛고 살아도 다른 차원의 삶을 살게 됩니다. 그런 믿음의 사람이야말로 우리 삶을 통해 많은 영혼을 살리는 풍성한 열매의 주인공들이 될 것입니다.

한국 교회에 예수의 생명과 믿음이 있는 진짜 그리스도인이 곳곳에서 일어나기를 기도합니다. 앞이 캄캄하고 혼돈스러운 세상 가운데에서도 이 책은 당신을 성령님의 인도를 받는 꺾이지 않는 믿음의 사람, 승리의 사람으로 살게 할 것입니다.

박성민 목사 | 한국CCC 대표

믿음의 여부를 떠나 대다수의 사람은 과정보다는 결과를 중시하며 사는 것 같습니다. 하지만 하나님은 우리가 땀 흘려 수고한 열매나 결과물보다 매 순간 하나님의 말씀을 따라 살아가는 믿음의 태도를 더 귀하게 보십니다. 결과는 과정의 자연스러운 열매이기 때문입니다.

저자의 삶을 들여다보면 인생 마디마디마다 하나님의 역사하심과 기적의 흔적이 가득합니다. 저자는 인간의 계산과 능력을 뛰어넘어 주님의 때를 기다립니다. 그리고 신실하게 일하시는 주님을 증거하며 살고 있습니다. 이 책은 예수님의 '진짜' 제자가 누구이며, 그들은 어떻게 살아가는지를 보여 줍니다. 세상 속에서 점점 힘을 잃어 가는 이 시대 그리스도인들이 말씀에 근거하여 믿음의 능력으로 살아가도록 이끄는 이 책을 적극 추천합니다.

김병삼 목사 | 만나교회 담임

'가짜'가 판치는 세상에서 '진짜'를 부르짖을 수 있는 사람은 실로 '진짜'여야 합니다. 이기용 목사님은 진짜 믿음의 사람입니다. 하나님은 우리가 진짜 믿음을 소유하고 어떤 문제 앞에서도 흔들리지 않는 단단한 그리스도인으로 살기를 원하십니다. 이를 위해 하나님은 때로 우리 앞에 건너기 힘든 장애물을 만나게 하십니다. 여호수아가 이스라엘 백성을 이끌고 약속의 땅으로 들어가기 위해 요단강을 마주한 것처럼 말입니다. 그때는 요단강의 수위가 가장 높을 때였습니다. 이런 상황에서 하나님의 해법은 믿음으로 정면 돌파하는 것이었습니다. 하나님이 우리와 함께하시고, 우리보다 앞서 행하신다면 풀지 못할 문제가 없습니다.

이 책은 하나님의 말씀을 믿고 신뢰함으로 실제 삶에서 요단강 물이 갈라지는 역사를 경험하게 합니다. 내 힘으로는 도무지 풀 수 없을 것 같은 크고 어려운 문제를 하나님 손에 맡기게 도와줍니다. 세상이 아무리 흔들어도 견고한 신앙을 소유한 하나님의 자녀가 되도록 그 길을 안내합니다.

이재훈 목사 | 온누리교회 위임

결국 진짜만이 살아남는다

2023년, 미국을 방문할 기회가 생겨 존 맥아더(John MacArthur) 목사님이 담임하는 '그레이스 커뮤니티 교회'에 다녀왔다. 이 교회는 코로나19 팬데믹 기간에 캘리포니아 주정부와 예배의 자유에 관한 문제로 법적 소송을 벌여 연방 대법원에서 승소한 곳이었다. 이 교회의 현재 모습이 궁금해서 나는 그레이스 커뮤니티 교회 주일 예배 현장 참관을 우선순위에 두고 방미 일정을 진행하였다.

그러던 중 일정에 뜻밖의 변수가 생겼다. 그레이스 커뮤니티 교회가 위치한 선 밸리(Sun Valley)에 꽤 강도 높은 지진에 강한 비바람까지 동반될 것이라는 모바일 경보 메시지를 받은 것이다. 여러모로 불안하고 부담스러운 상황이었다. 그러나 오히려 이러한 상황 가운데 교회의 참모습을 확인하고 검증을 할 수 있으리란 기대감이 생겨서 일정을 그대로 진행하기로 하였다.

그렇게 그레이스 커뮤니티 교회에 방문하기로 한 당일, 강한 비바람이 불고 지진으로 땅이 흔들렸다. 그날의 일은 나에게 결코 잊을 수 없는 사건으로 남아 있다. 성전 문을 여는 순간, 많은 좌석이 텅 비어 있기는커녕 오히려 빈 자리가 거의 없이 예배당이 가득 차 있었다. 그 광경은 굉장한 감동으로 다가왔다. 그때 이런 생각이 들었다.

'그러면 그렇지. 역시 진짜는 달라!'

어디서든 진짜는 살아남을 뿐만 아니라, 거룩한 반향을 일으키는 커다란 영향력을 갖게 된다는 사실을 온몸으로 확인하는 순간이었다.

나는 이전 책《믿음의 정석》에서 '진짜만 살아남는 시대가 될 것'이라고 예견한 어느 미래학자의 말을 인용한 바 있다. 국내외적으로 불확실성이 커지고 위기가 가중되는 시대일수록 '진짜'는 희귀하다. 그렇기에 크리스천으로서 우리 또한 스스로가 '진짜'임을 증명하지 못한다면 생존하기 어려운 시대를 마주하고 있다. 그러나 이러한 요구에 직면한 지금 이시대는 위기인 동시에, 진리를 세상에 드러내고 전파할 수 있는 기회이자 축복임을 굳게 믿는다. 이 책은 그러한 믿음의 산물이다.

그렇다면 스스로가 '진짜'임을 확인할 수 있는 기준은 어디에 있는가. 《믿음의 정석》에서는 믿음의 위인들과 성경 속 인물들이 어떻게 믿음의 정체성을 잃지 않고 자신의 삶을 살아 내었는지를 살펴보는 데 초점을 맞추었다면, 《진짜입니까?》는 보다 직접적으로 신앙의 본질 문제를 언급하며 거기에 집중하고자 했다.

> 그 위는 에노스요 그 위는 셋이요 그 위는 아담이요 그 위는 하나님이시니라 눅 3:38

하나님을 온 땅의 창조주로 믿고 스스로를 창조주에 의한 피조물임을 믿고 있는가. 그런 우리가 '진짜'가 되는 길은 오직 하나, 우리의 근원이신 하나님의 형상을 회복하는 것이다. 성경 속 믿음의 영웅들은 하나같이 우리와 성정이 같은 사람들이었지만, 하나님의 손에 붙들렸을 때 그분의 형상과 능력을 회복함으로써 세상을 믿음으로 살아 냈고 넉넉히 승리했다. 그들이 살았던 시대, 그들이 경험한 문제들은 결코 지금 우리가 당면한 것들보다 작지 않았다. 그런데도 그들은 이겨 냈고 끝까지 살아남았다. 이는 그들이 하나님 보시기에 '진짜'였기 때문이다.

21세기의 4분의 1을 지나고 있는 2025년은 여러모로 중요한 시기다. 향후 5년 동안 AI 에이전트와 AI 로봇 등의 상용화가 이루어진다면 인류는 또 한 번의 커다란 대전환기를 맞이하게 될 것이다. "땅이 있을 동안에는 심음과 거둠과 추위와 더위와 여름과 겨울과 낮과 밤이 쉬지 아니하리라"(창 8:22)는 말씀처럼, 이 땅이 있는 동안 변화와 위기와 고난이 거듭 반복되는 일은 피할 수 없을 것이다. 그러나 '진짜 믿음'을 지닌 사람들은 반드시 살아남을 뿐만 아니라 그 위기와 고난을 넉넉히 이겨 낼 것이다.

> 내가 죽지 않고 살아서 여호와께서 하시는 일을 선포하리로다
> 시 118:17

진짜는 이기고, 진짜는 구원시키고, 진짜는 생명이 넘쳐 나며, 결국에는 진짜배기만 살아남는다. 의인의 요동함을 영원히 허락하지 않으시는 하나님은 우리를 진짜배기로 세워 끝까지 승리하게 하실 것이다. 하나님 앞에 설 때까지 진짜 신앙인으로서 끝까지 살아남기를 원하는 모든 독자에게 이 책이 조금이나마 도움이 되기를 소망한다.

이 책의 원고를 정리하는 데에 도움을 준 신길교회 문서

선교위원회 허완 장로님과 교정팀의 수고와 헌신에 깊은 감사의 마음을 전한다. 언제나 한결같은 지지와 사랑을 보내주는 아내와 사랑하는 가족들, 그리고 목회 현장인 신길교회의 장로님들과 교우들에게도 사랑과 감사의 마음을 전한다.

또한 바쁜 일정 속에서도 정성 어린 추천사를 보내 주신 이영훈 목사님과 박성민 목사님, 김병삼 목사님, 이재훈 목사님의 섬김과 사랑에 감사와 존경의 마음을 표하고 싶다. 하나님이 한국 교회의 등불로서 세우신 귀한 목사님들을 뵐 때마다 나 또한 주님 앞에 서는 날까지 겸손과 믿음으로 사명을 감당하겠노라고 마음 깊이 기도하게 된다. 또한 함께 동역해 주시는 교단과 교계의 존경하는 여러 목사님들께도 감사의 마음을 전한다.

마지막으로, 부족한 사람의 글을 정성 어린 편집으로 섬겨 주고 출판해 준 두란노 가족에게도 깊이 감사드린다.

하나님 앞에 서는 그날까지 주의 손에 붙들린 '진짜'가 되길 간절히 소원하며…….

2025년 1월

이기용 목사

PART

진짜는 이깁니다

난제를 해결하시는 하나님

과거 역사의 현장에서 일하신 하나님, 그리고 오늘날 우리 삶의 현장에서 일하시는 하나님을 묵상하다 보면 난제를 해결하시는 하나님의 방법은 예나 지금이나 동일하다는 사실을 깨닫곤 한다. 과거 하나님의 백성이 말씀에 순종하며 그분의 인도를 받아 기적을 경험한 것처럼, 오늘날 우리도 주님의 말씀에 순종하기만 하면 똑같은 기적을 경험할 수 있다.

하나님은 홍해를 가르시고 애굽의 노예 생활을 하던 이스라엘 백성을 극적으로 구출하심으로 하나님의 영광을 만천하에 드러내셨다. 그뿐인가. 40년이 지난 여호수아 시대에도 기적을 통해 여전히 하나님의 영광을 온전히 드러내셨다. 하나님은 모세 시대에도, 또 여호수아 시대에도 언제나 신실하게 그분의 말씀대로 그 어떤 오차도 없이 일하셨다.

장애물보다 더 크신 하나님

모세 시대에 '홍해'가 이스라엘 백성의 앞길에 가로놓인 장애물이었다면 여호수아 시대는 '요단강'이 있었다. 모세는 하나님의 명령에 순종하여 지팡이를 든 손을 바다 위로 내밀었고, 이에 홍해가 갈라지는 기적을 경험했다. 그렇다면 요단강 앞에 놓인 이스라엘 백성은 어땠을까. 그들은 하나님이 약속하신 가나안 땅을 정복하라는 명령을 준행하고자 하는 와중에 요단강이라는 현실적 장애물을 마주했다. 당시 그들의 행렬은 실로 거대했다. 장정만으로도 60만 명이 넘었고, 아이와 여성, 노인을 합치면 200만 명이 족히 넘었을 것이다. 이를 테면 하나님이 약속하신 말씀을 이루기 위해 200만 명 앞에 놓인 현실적 숙제가 바로 요단강을 건너는 것이었다.

이스라엘 백성이 요단강을 건너려고 했을 때는 물이 가장 많을 시기였다. 아열대 기후에 속하는 여리고 지역에서 태양력으로 4-5월경 곡식을 거두는 시기는 퇴적 작용으로 생긴 강의 양쪽 자연제방까지 물이 범람할 정도로 강의 수위가 가장 높을 때였다(수 3:15). 일반적으로 팔레스타인에서 보리 파종은 10-11월경에 시작하며, 추수는 4-5월경에 시작한다. 추수기에는 북쪽 레바논 산지의 적설이 녹고 봄비가 내리기 시작하기 때문에 이 시기에 요단강은 쉽게 범람하였다고 한다. 요단강은 보통 깊이 0.9-3미터에 넓이가 30미터 정도로 비교적 작은 강이지만, 강물이 크게 불어난 이 시기에 200만 명이라는 인원이 요단강을 건너는 것은 불가능했을 것이다.

하나님은 약속의 땅 가나안 정복에 앞서 먼저 그들에게 수위가 높아진 요단강을 건너라는 과제를 주셨다. 이스라엘 백성으로서는 매우 어려운 과제였다. 이러한 상황에서 하나님의 해법은 '정면 돌파'였다. 요단강이라는 거대한 장애물은 하나님 앞에서는 전혀 문제가 되지 않았다. 바벨론에 포로로 잡혀갔던 이스라엘 백성이 성전 재건의 사명을 품고 70년 만에 1차 귀환했을 때(B.C. 536년경)도 그들 앞을 가로막는 난제가 너무나 많았지만, 하나님은 무너지고 황폐해진 예루살렘의 성전 재건을 앞두고 스가랴 선지자를 통해 이렇게 선포하셨다.

큰 산아 네가 무엇이냐 네가 스룹바벨 앞에서 평지가 되리라…

슥 4:7

인간의 힘으로는 도저히 넘을 수 없는 '큰 산'도 믿음의 사명자 앞에서는 '평지'가 되고, 결국 하나님의 은혜로 모두 해결될 것이라는 말씀이다. 하나님 앞에서는 그 어떤 것도 불가능이 없음을 선언하신 것이다. 비록 성전 재건을 성취하는 과정에는 많은 우여곡절과 난관이 있었지만, 하나님이 선포하시고 약속하신 일은 결국 이루어졌다.

장애물보다 하나님이 더 크시다. 하나님은 여호수아에게도 똑같이 말씀하셨다. 정면 돌파하시는 하나님은 아무리 거대한 장벽과 난관이 있을지라도 우리가 하나님을 의지하여 그것을 직면하고 돌파하며 나아가기를 원하신다.

하나님이 이스라엘 백성이 요단강이라는 장애물을 극복하고 가나안 땅에 입성하도록 하신 방법은 무엇일까? 난제를 해결하시는 하나님의 방법이 무엇인지 살펴보면서 그것을 우리 삶에 적용해 볼 수 있어야 한다.

하나님의 때는 인간이 가장 무능할 때

하나님은 여호수아에게 요단강의 수위가 낮아질 때까지 조금 기다렸다가 건너라고 하지 않으셨다. 하나님은 "오늘부터 시작하여"라고 말씀하신다.

여호와께서 여호수아에게 이르시되 내가 오늘부터 시작하여…

수 3:7

하나님은 현재형으로 말씀하시고, 현재형으로 일하시는 분이다. 하나님의 말씀은 항상 오늘, 즉 지금의 나에게 주시는 말씀이다(신 8:1, 11, 18).

인간적으로 볼 때 많은 노약자와 짐과 가축을 이끌고 범람하는 강을 건널 방법은 없다. 이미 광야에서 40년의 세월을 보낸 이스라엘 백성에게 2-3개월의 시간을 더 기다리는 것은 어려운 일이 아니었지만, 하나님은 오늘부터 시작하라고 말씀하셨다. "세월을 아끼라 때가 악하니라 그러므로 어리석은 자가 되지 말고 오직 주의 뜻이 무엇인가 이해하라"(엡 5:16-17)라는 말씀은 하나님이 우리에게 주신 기회의 시간을 놓치지 말고 잘 선용해야 함을 강조한다. 그것이 지혜로운 삶이며, 그렇지 못한 것이 어리석은 삶이라고 말한다.

'시간'에 관한 헬라어에는 '크로노스'와 '카이로스'라는 두 가지 개념이 있다. 크로노스가 물이 흘러가듯 일상에서 흘러가는 시간을 의미한다면, 카이로스는 하나님이 주시는 기회의 시간을 의미한다. 그런데 에베소서 5장 16절에서 '세월'로 번역한 헬라어는 카이로스이다. 우리는 하나님이 주시는 축복의 기회를 놓치지 말고 즉시 순종하며 지혜롭게 선용해야 한다.

C. S. 루이스의 《스크루테이프의 편지》에 좋은 예화가 있

다. 하루는 마귀와 그를 따르는 어두움의 영들이 긴급 회의를 열었다. 크리스천들을 파멸시키기 위해 그들의 삶 속에 고난과 핍박을 주었는데, 오히려 그들의 열정이 살아나고 믿음이 더욱 견고해졌기 때문이다. 그래서 '어떻게 하면 크리스천들을 타락시킬 수 있을까?'를 놓고 고민하다가 다음과 같은 묘수를 두었다. "크리스천들이 그들의 사명을 위해 중요한 일하는 것을 막지 말자. 다만, 그 일을 '내일'부터 하도록 하자." 아무리 옳고 좋은 일이라도 지체하다 보면 차츰 열정이 사라지고, 그 일을 미루고 미뤄 결국에는 수행하지 않게 되는 것을 마귀도 잘 알고 있는 것이다.

하나님의 말씀은 과거에 기록되었지만, 언제나 오늘의 나에게 주어지는 말씀이다. '내일부터'라는 것은 하나님이 주시는 생각이 아니다. 믿음은 즉각적인 순종이다. 그러므로 하나님이 오늘 나에게 감동을 주시는 말씀은 즉시 행해야 한다. 하나님이 여호수아를 크게 사용하신 것은 오늘부터 시작하라는 하나님의 말씀을 미루지 않고 그대로 따랐기 때문이다.

만약 이스라엘 백성이 요단강 수면이 낮아졌을 때를 기다려 요단강을 건넜다면, 자칫 그 일은 하나님의 도움 없이도 가능한 일로 여겼을 것이다. 하나님은 결코 하나님의 영광이 가려지는 방향으로 일하지 않으신다. 하나님은 철저히 당신

의 영광이 가장 분명히 드러나는 때에, 하나님의 영광이 가장
잘 드러나는 방법으로 일하신다. 그래서 요단강이 가장 범람
할 때를 이스라엘 백성이 건널 최적의 시기로 택하신 것이다.

하나님의 타이밍은 인간의 현실적 계산을 뛰어넘는다. 하
나님의 최선의 시간은 인간이 가장 무능할 때다. 인간의 계산
이 나오지 않을 때가 바로 하나님의 시간인 것이다. 인간의
계산과 능력으로 우리가 무엇을 이루려고 할 때 하나님은 일
하지 않고 기다리신다. 따라서 믿음의 사람은 요단강 범람의
수위를 바라보는 대신 하나님 말씀의 신실성에 집중한다.

순종의 사람을 통해 일하시는 하나님

비현실적이고 비상식적인 상황에서 보통 사람은 순종하
기가 쉽지 않다. "하나님의 언약궤를 메고 요단강을 밟으라!"
라는 말씀은 얼핏 비현실적이고 비상식적으로 들릴 수 있다.
그럼에도 하나님이 정해 주신 요단강을 건너는 방법은 바로
제사장들이 언약궤를 메고 요단강을 향해 담대하게 두 발을
내딛는 것이었다.

언약궤 안에는 '십계명을 기록한 두 돌판', '만나를 담은
항아리', '아론의 싹 난 지팡이'가 보관되어 있었다. 하나님
이 주신 말씀을 붙들고 믿음으로 살 때, 광야에서 매일 만나

로 먹이시고 아론의 지팡이에 싹이 나게 하신 것처럼, 하나님이 그들과 함께하시며 기적을 경험하게 하신다는 약속이 담겨 있다. 아무리 그렇다고 해도 제사장이 무거운 언약궤를 메고 거센 물살로 들어간다는 것은 인간적으로 어리석어 보일 수 있다. 이는 모든 이스라엘 백성이 요단강을 건너야 하는 다급한 상황을 고려할 때, 더욱더 비현실적이다. 그러나 하나님은 여호수아를 통해 이 명령을 이스라엘 백성에게 내리셨다. 이는 하나님이 자신의 능력을 온전히 드러내시기 위함이었다.

오늘 믿지 않으면 내일도 믿을 수 없다. 또 오늘 내게 주어진 일에 충성하지 못하면 내일도 충성할 수 없고, 그 사람은 더 큰 일을 감당할 수도 없다(눅 16:10; 19:17). 하나님은 오늘 주어진 상황에서 말씀대로 순종하는 사람을 내일도 그 믿음대로 사용하신다. 로마서 1장 17절은 "믿음으로 믿음에 이르게 하나니"라고 말씀하고 있다. 오늘 나에게 믿음이 있어야 내일도 그 믿음으로 살아갈 수 있다.

그래서 하나님은 오늘 작은 일에 충성하는 사람에게 내일 더 큰 것을 맡겨 주신다. 사실 여호수아는 40년 전에도 신실하게 하나님의 말씀을 믿었다. 하나님이 모세를 통해 가나안에 열두 명의 정탐꾼을 보내셨을 때, 다수인 열 명이 부정적으로 보고했지만, 여호수아와 갈렙만은 능동적이고 긍정적인 보고를 했다. 그들은 가나안 땅을 탐지한 후에 "그들은 우리의 먹이라"(민 14:9)라고 믿음으로 고백했다. 비록 하나님의 약속이 비현실적이고 비상식적으로 보여도 여호수아는 놀라운 기적의 역사가 그들에게 일어나게 될 것을 믿었던 것이다. 그러나 안타깝게도 이스라엘 백성은 부정적인 보고의 영향을 받아 결국 40년 동안 광야에서 방황한다.

하나님이 모세를 뒤이을 영도자로 여호수아를 세우고 사용하신 것은 그가 하나님의 말씀을 무모하리만치 믿었기 때문이다. 그는 40년이 지난 후에도 여전히 신실하고도 온전한 믿음으로 하나님의 말씀을 신뢰한다. 믿는다는 것은 그분의 말씀을 믿고 신뢰함을 의미한다. 말씀에는 말씀하신 이의 인격이 담겨 있기 때문이다. 나아가 믿음은 말씀을 듣고 순종하는 것을 의미한다(요 3:36). 하나님은 순종하는 사람을 통해 위대한 승리의 역사를 이루신다.

네가 네 하나님 여호와의 말씀을 삼가 듣고 내가 오늘 네게 명령하는 그의 모든 명령을 지켜 행하면 네 하나님 여호와께서 너를 세계 모든 민족 위에 뛰어나게 하실 것이라 신 28:1

여호와께서 너를 대적하기 위해 일어난 적군들을 네 앞에서 패하게 하시리라 그들이 한 길로 너를 치러 들어왔으나 네 앞에서 일곱 길로 도망하리라 신 28:7

우리는 하나님이 '오늘 하시는 모든 명령'에 즉시 순종해야 한다. 우리가 말씀을 묵상하거나 설교를 들을 때면 어떤 구절은 꼭 하나님이 직접 나에게 주시는 말씀으로 들릴 때가 있다. 하나님의 말씀은 살아 있고 운동력이 있기에 각 사람의 상황에 알맞게 적용되곤 한다. 오늘 이 시간 나에게 주시는 말씀을 믿고 그대로 순종하며 하나님의 방법대로 살아가면 하나님이 우리를 책임지실 것이다. 요단강 물이 갈라지는 것과 같은 역사가 우리 삶에도 일어날 것이다.

엉킨 실뭉치가 술술 풀리듯

언약궤와 백성들 간의 거리는 2천 규빗, 곧 900미터 이상 떨어지게 했다. 그렇게 하면 200만 명의 백성이 각자 자기가 선 곳에서 언약궤가 향하는 방향을 볼 수 있었다고 한다. 이는 온 백성이 언제, 어디서든지 하나님을 향한 경외심을 가지고 언약궤를 충분히 바라보며 인도함을 받으라는 의미였다.

오늘날과 같은 난세에는 혼자 힘으로 풀 수 없는 개인적 문제와 공동체적 문제들, 국가적인 어려움이 곳곳에서 벌어진다. 이럴 때 우리는 과연 어떻게 해야 할까?

나는 어릴 적에 친구들과 연날리기를 자주 했다. 연을 하늘로 높이 날려 보내기 위해서는 실이 많이 필요했는데, 철없는 아이들은 집에서 어머니나 할머니가 아껴 둔 새 실타래를 꺼내 와 부족한 부분을 채우려 했다.

새 실은 촘촘하게 감긴 결을 따라 차근차근 풀어 가야 하는데 아이들은 이 실을 조급하게 풀다가 금세 엉켜 버리는 일이 많았다. 그렇게 엉킨 실뭉치는 아이의 손으로는 도무지 풀 수가 없어 고스란히 어른들 손에 쥐어졌다. 신기한 것은 영영 풀어지지 않을 것만 같았던 실뭉치가 어른들 손에서는 술술 풀어지곤 했다는 것이다.

내 힘으로는 도무지 풀 수 없는, 아무리 크고 대단한 문제라도 하나님 손에 가져다 놓으면 다 풀릴 줄로 믿는다. 난제 앞에서 우리가 붙들어야 할 것은 무엇보다도 하나님이 일하시는 방법이다. "하나님, 제 힘으로 할 수 없어요. 하나님의 말씀대로 하겠습니다. 하나님이 하시는 일은 다 옳습니다. 하나님은 절대 실수하지 않으십니다. 하나님이 다 해결해 주세요"라고 고백하며 나의 두 손을 들고 모두 맡기자. 하나님을 붙들며 믿음으로 나아갈 때, 오늘도 요단강이 갈라지는 기적과 같은 역사를 허락하실 것이다. 하나님보다 앞서지 않고, 하나님의 말씀을 따라 믿음으로 살아갈 때 기적을 경험하게 될 줄로 믿는다.

기적을 행하시는 하나님

만약 내가 색이 있는 렌즈의 안경을 끼고 있다고 생각해 보자. 세상 모든 사물의 색이 다르게 보일 것이다. 믿음도 마찬가지다. 아무리 어려운 상황에서도 믿음의 렌즈를 통해 바라보면 희망으로 보인다. 이처럼 믿음의 사람은 신실하고 좋으신 하나님의 성품과 관점으로 매사를 바라본다.

시편 78편의 기자가 바로 이런 사람이었다. 그는 이스라엘 민족이 역사의 현장에서 경험한 하나님의 놀라운 기적들을 언급함으로써 후대의 사람들이 동일한 하나님을 신뢰할 수 있도록 하기 위해 이 시를 기록했다. 또한 하나님 백성의 신앙과 삶이 흔들리는 것을 보며 그들의 신앙을 바로잡아 주고 견고케 함으로써 어려운 상황에서 하나님을 의지하는 신앙으로 이겨낼 수 있기를 바랐다.

아울러 그는 오늘을 살아가는 우리에게도 자신의 신앙을
어떻게 관리할 것인지, 또한 신앙을 잃거나 빼앗기지 않을 수
있는 방법을 알려 준다. 그리고 불확실한 시대와 상황 속에서
믿음을 활용하여 '삶의 현장'을 어떻게 하나님의 기적의 현장
으로 만들 수 있는지를 가르쳐 준다.

하나님의 기적을 기억하면 믿음이 견고해진다

시편 78편 12-16절에는 이스라엘 민족에게 하나님이 나
타내셨던 다섯 가지 위대한 기적에 관한 이야기가 나온다. 출
애굽 사건, 홍해가 갈라진 사건, 광야 40년 동안 주야로 구름
기둥과 불기둥으로 인도하심, 광야에서 반석을 쪼개시어 생
수가 터진 사건(출 17:6), 가데스 바네아에서 반석을 통해 물이
솟아 나게 하신 사건(민 20장) 등이 그것이다.

> 옛적에 하나님이 애굽 땅 소안 들에서 기이한 일을 그들의 조상
> 들의 목전에서 행하셨으되 시 78:12

여기에서 '기이한 일'은 자연적 질서를 벗어난 신기한 현
상이나 전혀 예상하지 못한 놀라운 일들을 지칭한다. 즉, 하

나님이 기적을 행하셨다는 것이다. 하나님은 시편 기자를 통해 과거 역사의 현장에 있었던 '하나님의 기적'(기이한 일)들을 회상하게 하심으로써 이스라엘 백성의 믿음을 바로잡아 주기 원하셨다.

하나님이 그날의 기적을 다시금 말씀하신 이유는 인간이 '망각의 존재'이기 때문이다. "원수는 돌에 새기고 은혜는 물에 새기라"라는 속담이 있다. 사람은 대부분 절대 잊으면 안 되는 일은 잊어버리고(시 78:11), 잊어야 하는 일은 잘 잊지 못한다. 하나님이 내 지난 과거의 삶 속에서 어떤 일들을 허락하셨고, 어떤 응답을 주셨는지를 회상해 보는 것은 우리 믿음을 견고하게 한다. 이것이 신앙인의 지혜다.

우리 삶은 언제나 불안할 수밖에 없다. 내일에 대한 결과가 확실히 내 손에 쥐어지지 않기 때문이다. 그러나 과거는 이미 결론이 주어져 있기에, 그것을 통해 분명한 교훈을 얻을 수 있다. 신앙의 영역에서도 마찬가지다. 우리는 과거 하나님이 내게 베푸셨던 인자하심을 떠올리며 '그렇지, 그때 하나님은 불가능의 상황을 가능으로 바꾸셨지. 내 삶 속에서 역사하셨지. 그렇다면 내일도 하나님은 내 삶의 현장에서 변함없이 역사하실 거야!'라고 생각할 수 있다. 이런 생각은 우리의 믿음을 더욱 견고하게 한다.

30여 년 전 나는 건강이 나빠져 서울대학교병원에서 수술해야 한다는 진단을 받은 적이 있다. 그런데 노방 전도를 하는 중에 병이 깨끗하게 낫는 경험을 했다. 우리가 이러한 경험을 회상하면, 비록 지금 보이지 않고 들리지 않아도 과거에 함께하셨던 하나님이 지금도 살아 계시고 함께하신다는 사실을 깨달을 수 있다. 과거에 내 기도를 들으신 하나님, 내 삶에 기적을 일으키신 하나님이 오늘의 삶 속에서도 동일하게 역사하실 것이라 믿게 되는 것이다. 그러므로 하나님이 오늘 나와 함께하시고 내 편이 되어 주신다는 믿음을 삶 속에 적용해야 한다.

우리는 이렇게 신실하신 하나님을 날마다 묵상해야 한다. '신실하다'라는 의미는 처음과 나중이 변함없다는 뜻이다. 하나님은 알파와 오메가, 즉 처음과 끝이 되시기에 어제나 오늘이나 동일하게 역사하는 신실하신 분이다.

나에게 신실하게 역사하고 응답하셨던 하나님을 회상할 때는 시간과 공간과 내용 등을 구체적으로 기억할 필요가 있다. 그것이 신앙의 회복과 강화에 구체적인 도움을 준다. 신앙은 뜬구름을 잡는 것이 아니라 실재적(實在的)인 것이다. 즉, 구체적인 것을 회상하여 현실에서 실제 상황으로 적용하여 해석할 수 있어야 한다.

시편 78편 12절에서 기자는 "옛적에 하나님이 애굽 땅 소안 들에서"라고 언급하면서 과거 역사의 현장에서 실제로 있었던 하나님의 기적(홍해의 기적)을 회상한다. 현재를 살아가는 이스라엘 백성이 그분이 하신 기이한 일, 즉 기적을 회상하고 기적의 하나님께 집중하게 한다. 이런 과정을 통해 이스라엘 백성의 하나님을 신뢰하는 믿음을 회복하고자 한다.

우리는 때때로 과거에 하나님이 나에게 역사하신 일들, 응답의 사건, 축복하신 것들을 구체적으로 회상할 때가 있다. 그럴 때마다 그날의 하나님이 지금도 내일도 동일하게 역사하실 것임을 확신하게 된다.

하나님은 언제 기적을 행하시는가

인간관계가 평생 가기 쉽지 않은 것처럼, 하나님을 향한 믿음의 관계도 변질되거나 퇴색되기가 쉽다. 시편 78편에는 하나님의 선택을 받은 이스라엘 백성조차 계속해서 하나님께 범죄하는 모습을 보여 준다. 여기에서 우리는 인간의 배반(17절), 탐욕(18절), 불신앙(22절)의 모습을 적나라하게 마주한다. 우리는 인간이 이처럼 연약한 존재임을 자각해야 한다.

하나님은 인간의 연약함을 누구보다 잘 아신다. 그런 하나님은 시편 78편을 통해 과거 그분이 이스라엘 백성에게 어떻게 역사하셨는지 떠올리게 하신다. 그 과정을 통해 하나님의 백성이 믿음으로 살아가도록 도우신다. 그렇다면 하나님은 과연 언제 기적을 행하실까?

첫째, 하나님은 당신의 백성이 탄식하고 부르짖을 때 기적을 행하신다. 하나님은 자기 백성의 모든 근심을 아신다. 그들의 고통을 보시고 신음 소리를 들으신다. 하나님은 애굽 땅에서 압제와 학대를 받는 이스라엘 백성의 부르짖음을 들으시고 출애굽의 기적을 행하신 분이다. 그 하나님이 오늘을 살아가는 우리의 모든 어려움을 보고 계시고 신음과 탄식을 들으신다. 우리가 부르짖을 때 하나님은 기적을 행하신다.

둘째, 하나님은 우리가 준비되었을 때 기적을 행하신다. 모세는 애굽에서 40년간 신앙과 학문을 준비했다. 그는 어머니의 품속에서 신앙을 키웠다. 과거부터 역사하신 하나님의 교훈을 배우면서 자신이 하나님의 사람이며, 믿음의 사람이라는 정체성을 갖게 되었다. 동시에 애굽이라는 세상의 한복판에서 최고의 학문을 갈고닦으며 준비했다.

아울러 모세는 미디안 광야에서 40년간 인격 훈련을 받았다. 이 부분에서 우리가 세상적인 조건을 다 갖추었다 해도 하나님이 반드시 쓰시는 것은 아니라는 사실을 알 수 있다. 하나님이 쓰시는 사람은 반드시 '광야' 학교를 거쳐야 하는데, 크게 쓰시는 사람일수록 이 고독의 기간이 길어질 수 있다. 하나님은 모세를 애굽의 왕자이자 왕위 계승 후보자라는 최고의 위치에서 미디안 광야에서 양을 치는 가장 밑바닥 신분으로까지 낮추셨다. 아무것도 의지할 수 없는 광야에서 하나님만을 의지하도록 훈련시키셨다. 그리고 하나님은 모세가 준비되었을 때 마침내 호렙산에서 불 체험을 통해 부르셨다.

셋째, 하나님은 우리가 부르짖어 기도할 때 기적을 행하신다. 믿음의 백성은 고난 가운데 하나님께 부르짖는 기도를 하게 되는데, 이때 하나님은 기적을 행하신다.

너는 내게 부르짖으라 내가 네게 응답하겠고 네가 알지 못하는 크고 은밀한 일을 네게 보이리라 렘 33:3

사무엘은 기도하기를 쉬는 죄를 범하지 않겠다고 했다. 성경은 미스바에서의 기도처럼 믿음의 사람들이 부르짖을 때 하나님이 응답하신다고 말씀하고 있다(삼상 7:9).

넷째, 하나님은 우리에게 진정한 회개가 있을 때 기적을 행하신다. 성전 중심으로 하나님께 부르짖는 진정한 회개 기도가 있을 때 하나님은 누구든지 용서하시고, 치유하시고, 회복시키시고, 심판으로부터 옮겨 주신다고 말씀하셨다(대하 7:14-15).

요나가 니느웨 사람들에게 불로 심판받을 것이라는 경고의 말씀을 전했을 때, 그 나라 왕과 백성은 즉시 회개했다. 이에 하나님은 심판을 옮겨 주셨다. 우리 하나님은 누구든지 회개하며 살려 달라고 부르짖을 때 놀라운 기적으로 역사해 주신다.

하나님이 하시는 모든 일은 사실 기적이다. 다윗, 기드온, 룻, 라합, 요셉 등과 같이 하나님께 쓰임받은 사람들에게 행하신 모든 일이 기적이다.

하나님은 어떤 기적을 행하실까

우리의 인생길은 광야의 여정과 같다. 광야의 여정에는 추위와 더위와 굶주림, 사나운 맹수와 강도들의 위협이 늘 있다. 시편 78편을 보면, 하나님은 광야의 삶 가운데 기적의 역사들을 행하셨다. 여기서 말씀하고 있는 홍해의 기적, 반석에서 물이 터지는 역사들, 구름 기둥과 불기둥으로 인도하심,

만나와 메추라기의 공급 등을 통해 하나님이 어떤 분이신지 알 수 있다.

첫째, **하나님은 우리의 원수를 갚으신다.** 하나님은 애굽의 바로 왕과 그의 세력이 하나님의 택한 백성을 학대하는 것을 보셨다. 바로 왕의 강퍅함과 교만을 정확하게 알고 계셨다. 물론 어떤 때에는 이스라엘 백성에게 연단이 필요하다. 하나님은 사람의 매와 인생의 채찍을 사용하여 우리를 연단하시거나 징계하실 때가 있다. 하지만 하나님은 주의 백성을 괴롭게 하는 사람들과 나라와 민족을 반드시 심판하신다. 하나님은 이스라엘 백성을 학대하던 바로 왕과 애굽 사람들을 출애굽 직전 열 가지 재앙으로 초토화하셨다.

이스라엘의 역사를 보면 백성들이 바로 서지 못했을 때는 하나님이 인생 채찍을 사용하기도 하셨다. 외세를 일으켜서 이스라엘 백성이 어려움을 당하도록 하심으로 회개하고 주님 앞에 돌아오도록 하신 것이다. 실제로 구약의 역사를 보면, 이스라엘의 많은 주변국이 스스로 힘을 갖추어 이스라엘 민족을 마음대로 유린해도 된다는 착각에 빠질 때가 있었다. 그러나 하나님은 이스라엘 민족의 신앙을 회복시킨 후에 그들을 다 심판하셨다. 남유다를 망하게 했던 바벨론도 스스로 영원할 것 같았지만, 70년에 불과했던 전성기를 보낸 후에는 심판받았다. 이스라엘을 침공했던 앗수르도 하나님의 심판으로 패망하였다. 그들이 하나님 앞에 교만하였기 때문이다. 하나님은 그들에게 진노하고 형벌을 내리셨다.

하나님은 원수의 목전에서 상을 베푸시는 하나님이시기도 하다(시 23:5, 사 34:8, 잠 22:23). 하나님은 신원하시고 원수를 갚아 주신다. 하나님을 경외하는 다윗은 자신을 죽이려고 10년 동안이나 쫓아다니던 사울을 죽일 기회가 두 번이나 있었지만 그렇게 하지 않았다. 사울 왕만 죽이면 위험 요소가 당장 사라지고 왕위에 오를 수도 있는 상황이었다. 그러나 하나님이 기름 부으신 사람을 해할 수 없다는 믿음으로 그분의 손에 맡겼다. 결국 하나님이 직접 사울을 심판하셨다.

우리가 너무나 억울한 상황을 겪으면 하나님보다 앞서서 복수하고 싶은 감정이 생길 때도 있다. 그러나 원수를 사랑하면 하나님이 핀 숯을 그의 머리에 놓는 것처럼 갚아 주신다고 했다(잠 25:22).

예수님은 누가복음 18장에서, 홀로된 한 여인이 불의한 재판장에게 원한을 풀어 달라고 매일 밤낮으로 찾아가서 도움을 청하자 응답을 받게 되는 비유를 들려주셨다. 하나님을 믿지 않는 불의한 재판장도 밤낮 자신을 찾아오는 그 여인이

귀찮아서 소원을 들어주는데 우리 주님은 오죽하시겠는가. 문제는 오늘날 하나님께 밤낮 부르짖는 백성이 많지 않다는 것이다.

우리가 이 세상을 살아가는 동안 어떤 일을 만날지 알 수 없다. 어쩌면 억울하고 상처받는 상황을 만날 수도 있다. 그러다가 우리에게 힘과 영향력이 주어지는 상황이 올 수도 있다. 그래도 우리는 자신에게 억울함과 상처를 안겼던 대상에게 감정을 앞세우며 직접 원수를 갚으려고 하지 말아야 한다. 절대로 하나님보다 앞서지 말아야 한다. 어떤 상황 가운데서도 온유함으로 하나님께 모든 아픔을 맡겨 드리며 역사하심을 구할 때 인생의 광야 기간이 짧아질 것이다.

둘째, 하나님은 우리를 보호하고 인도하신다. 하나님은 광야의 여정 가운데 있던 택하신 백성들을 구름 기둥과 불기둥으로 보호하고 인도해 주셨다. 하나님이 광야에서 낮의 더위를 구름 기둥으로 가려 주지 않으셨다면, 밤의 추위를 불기둥으로 보호해 주지 않으셨다면 이스라엘 백성은 40년은커녕 단 하루도 버텨 낼 수 없었을 것이다. 구름 기둥과 불기둥은 하나님의 전적인 은혜다. 우리가 하나님의 전적인 인도하심에 순종하기만 하면 어떤 광야의 시련도 극복하고, 아무리 열악한 환경 속에서도 생존할 수 있다.

팔레스타인 지역의 광야는 딱딱한 돌과 모래가 끝없이 펼쳐져 있는 척박한 땅이다. 이스라엘 백성은 이처럼 길이 보이지 않는 광야에서 구름 기둥과 불기둥으로 인도하심을 받았다. 구름 기둥과 불기둥은 미래 희망의 시그널이다. 하나님의 구름 기둥과 불기둥의 인도를 받으면 반드시 소망의 항구에 도착할 수 있다는 확신을 가질 수 있게 된다. 오늘날 광야와 같은 우리의 인생길에도 하나님이 길과 소망, 그리고 능력이 되시는 줄 믿는다. 당장 앞이 캄캄하고 빛이 보이지 않는 것 같아도 하나님은 푸른 풀밭과 쉴 만한 물가로 우리를 인도하신다(시 23:2).

셋째, 하나님은 우리와 함께하신다. 이스라엘 백성은 구름 기둥과 불기둥으로 하나님이 함께하시는 것을 알았다. 하나님은 언제, 어디서나 함께하시는 임마누엘의 하나님이시다. 그 하나님이 지금도 "네가 어디로 가든지 너와 함께해 주겠다"라고 말씀하신다.

넷째, 하나님은 우리의 모든 필요를 공급해 주신다. 광야에서 헤매던 백성이 매일 해 뜨기 전에 광야로 나가면 하얀 만나가 깔려 있었다. 그들은 농사를 짓지 않았고, 심지도 않았는데 신기하게도 매일 먹을 것을 거두었다. 만나는 영적으로 생명의 떡이 되시는 예수 그리스도를 의미한다.

그런데도 백성들은 여전히 불만이 많았다. 광야에서 고기를 먹지 못한다고 불평했다(민 11장). 그러자 하나님은 보란 듯이 메추라기를 몰아 지면에 내려 쌓이게 하셔서 한 달이나 고기를 먹게 해주셨다.

> 나의 하나님이 그리스도 예수 안에서 영광 가운데 그 풍성한 대로 너희 모든 쓸 것을 채우시리라 빌 4:19

나는 신학생 시절에 어려운 상황에서 매일 새벽 성전에서 이 빌립보서 말씀을 붙들고 기도했다. 하나님은 모든 필요를 공급해 주시는 분이며, 풍성한 대로 모든 쓸 것을 채워 주시는 분이다. 나 역시 믿음의 사람들은 일용할 양식을 걱정하지 말라는 말씀을 그대로 믿고 기도하여 응답받는 경험을 많이 했다.

이스라엘 백성 중 광야에서 굶어 죽은 사람은 한 명도 없었다. 그 하나님은 지금도 우리에게 먹을 것, 입을 것, 마실 것 등 모든 일용할 양식을 공급하신다(신 8:4). 예수님은 산상수

훈을 통해 우리에게 무엇을 먹을까, 무엇을 마실까, 몸을 위하여 무엇을 입을까 염려하지 말고, 먼저 그의 나라와 그의 의를 구하라고 하신다. 그럴 때 하나님이 이 모든 것을 우리에게 더하실 것이라고 하신다(마 6:25, 33). 공중의 새와 들의 백합화를 돌보시는 하나님이 하물며 천하보다 귀한 하나님의 자녀를 먹이고 입히지 않으실까.

다섯째, 하나님은 생명수를 공급하신다. 하나님은 반석에서도 물이 나오게 하시는 분이다. 광야에서 그런 사건이 두 번이나 있었다. 모든 인생은 목이 마를 수밖에 없는데, 요한복음 4장의 사마리아 수가성 여인도 그러했다(요 4:13-14).

예수님이 우물가에서 만나신 여인은 여섯 번째 남편과 살고 있었다. 이 여인은 남자를 잘 만나면 인생이 풀리고 공허한 마음이 채워질 것이라고 기대했다. 그래서 여러 남편을 만났지만, 자신의 궁극적인 필요는 사람이 절대 채워 줄 수 없다는 것을 깨닫는다. 우리 인생의 목마름은 예수님만이 채워 주실 수 있다. 모든 상황을 아시는 예수님이 그 여인에게 말씀하셨다.

예수께서 대답하여 이르시되 이 물을 마시는 자마다 다시 목마르려니와 내가 주는 물을 마시는 자는 영원히 목마르지 아니하리니 내가 주는 물은 그 속에서 영생하도록 솟아나는 샘물이 되리라 요 4:13-14

나는 일반대학교 1학년 시절에 예수님은 믿었지만 비교적 자유분방한 생활을 했었다. 기독학생반 선배들이 활동을 권유해도 피해 다니다가 노래 동아리에 들어가게 되어 팝송을 부르기도 하고, 노래 발표회와 가요제에 나가기도 했다. 그러나 남는 것은 공허함뿐이었다. 그러다가 문득 예수 그리스도가 아닌 세상 모든 것은 아무것도 아니라는 사실을 깨달았다. 영원한 생명이 되시는 예수님만이 우리 인생의 갈증을 해결해 주실 수 있음을 알게 된 것이다.

반석은 예수 그리스도를 상징(고전 10:4)하는데, 반석 되신 예수 그리스도를 통해 신령한 음료가 나온다는 것이다. 이렇게 예수 그리스도를 통해서만 인생의 목마름과 공허함의 문제가 해결된다. 신령한 음료는 성령의 기름 부으심의 은총이다(요 7:37-39). 생명수의 강이 우리 안에서 흐르는 은혜는 곧 성령의 역사다. 성령이 임하지 않고는 사람이 곤고하고 목말라서 살아갈 수가 없다.

여섯째, 하나님은 승리케 하신다. 홍해의 기적을 통해 우리는 승리케 하시는 하나님을 알 수 있다. 예수님은 죽음의 권세, 음부의 권세, 사망의 권세, 저주의 권세를 깨뜨리고 결국 부활하고 승리하셨다. 하나님만이 우리에게 승리를 가져다 주신다. 따라서 신실한 믿음의 백성이 이기고, 성령이 함께하시는 교회가 이긴다. 어떤 때는 하나님이 나와 함께하시지 않는 것 같고, 내 기도를 안 들으시는 것 같고, 나를 버리신 것 같다는 생각이 들 때도 있겠다. 그러나 분명한 것은 그때에도 하나님은 우리와 함께하신다.

이스라엘 백성이 광야에서 보내는 시간은 그들이 가나안 땅, 약속의 땅에 들어갈 수 있도록 하나님이 체급을 조절해 주신 시간이었다. 격투기 종목의 운동선수들은 평상시에는 체중 관리를 안 하다가도 시합을 앞두고는 체급에 따라 체중을 맞춰야 한다. 너무 힘들고 괴로운 과정이지만 시합을 위해서는 피할 수 없다. 어쩌면 하나님이 오늘날 우리에게도 체급을 조절시키는 작업을 하실 수도 있다. 세상의 헛된 욕심으로 가득 차 있는 우리가 다 내려놓도록 만들어 가는 것이다.

결국 우리는 하나님과 함께 넉넉히 이긴다. 임마누엘의 하나님이 우리와 늘 함께하시기 때문이다. 하나님은 주를 신실하게 사모하는 이 땅의 모든 하나님의 백성들과 함께하신다. 과거 이스라엘 백성이 광야에서 경험했던 기적의 하나님을 오늘날 내 삶의 현장으로 모셔 와야 한다. 어제나 오늘이나 동일하게 역사하시는 하나님이 나와 함께하시는 것을 믿으며 나아갈 때 내 삶에도 기적의 역사가 일어난다.

넉넉히 이기리라

로마서는 흔히 '복음의 정수'라고 불린다. 하나님을 떠난 인간의 실패와 하나님의 의가 되시는 예수 그리스도, 그리고 예수님을 통한 하나님의 구원 계획과 회복의 역사, 구원받은 성도들의 생활 속 실천적 삶 등을 일목요연하게 기록함으로써 복음과 복음적 삶을 이해할 수 있게 한다.

특히 로마서 가운데 7장과 8장은 가장 대조를 이루고 있다. 로마서 7장에는 굉장히 우울한 한 인간의 절망적 탄식이 적나라하게 표현되어 있다. 어떻게 보면 전쟁터에서 처참하게 패배하고 겨우 살아서 돌아온 패잔병이 내지르는 장탄식과 같은 분위기다. 반면에 로마서 8장은 7장과는 전혀 다른 분위기로, 개선장군의 노래와도 같다. 이와 같은 차이는 어디서 비롯되는 것일까.

학자들의 의견은, 로마서 7장에서 절망적으로 탄식하는 사람도 구원받은 그리스도인이 분명하다는 것이다. 예수 그리스도를 믿음으로 구원받은 그리스도인이 어떻게 희망이라고는 전혀 찾을 수 없는 패잔병과 같은 절규에 젖어 있는 것일까. 또한 로마서 8장에 등장하는 인물은 7장에서 패잔병과 같이 탄식하던 바로 그 인물일 텐데, 어떻게 한 구절 뒤에서 절망이나 좌절이라고는 전혀 찾아볼 수 없는 승리의 찬가를 부르고 있을까? 로마서 7장과 8장 사이에 시간차가 그리 크지 않음에도 불구하고 이런 차이가 생긴 이유는 도대체 무엇일까?

이처럼 로마서 7장과 8장의 극명하면서도 사실적인 대조의 목적은 그리스도인으로 회심한 한 사람이 신앙생활의 여정에서 경험하는 실패와 좌절, 그리고 회복과 승리를 이해시키기 위함이다. 더 나아가서는 죄의 종노릇하던 실패의 삶을 승리의 삶으로 반전시킬 수 있는 원리를 제시해 줌으로써 모든 그리스도인이 삶의 현장에서 또 다른 승리를 구가하며 살게 하기 위함이다.

그렇다면 로마서 7장에서처럼 그리스도께 회심한 이후에도 죄를 이기지 못하여 처절하게 실패하는 원인은 무엇일까?

구원받았지만 여전히 죄와 싸워야 하는 우리

앞서 말했듯이, 로마서 7장은 구원받은 그리스도인이 죄와 처절하게 싸우고 있는 장면을 적나라하게 묘사하고 있다. 마음으로는 선을 행하기를 원하지만 도리어 악(죄)을 행하고 있는 자신을 발견하는 것이 그리스도인의 정체성이라고도 말한다(22-24절). 내게 믿음이 있는지, 내 안에 예수 생명이 있는지를 점검할 수 있는 것은 내 마음이 죄를 추구하고 있는지, 죄를 벗어 버리기를 원하는 거룩한 갈등이 있는지를 통해서 알 수 있다(19절).

그리스도인이 되고 나서도 여전히 마음이 원하는 선을 행하지 못하고 도리어 악(죄)을 행하는 것은 죄의 법의 지배에서 벗어나지 못하고 죄에 굴복하기 때문이다. 구원을 받았다고 하는 그리스도인은 두 가지 법 아래에 놓이게 된다. '죄의법'과 '하나님의 법'이 그것이다. 위대한 사도였던 바울도 회심한 이후에 죄로 인해 절규하며 몸부림쳤다. 그는 예수님을 믿고 신앙생활하는 동안 자신의 내면에서 양심의 가책과 마음의 갈등으로 괴로워했던 것으로 보인다. 주님을 만난 후 마음으로는 하나님의 뜻을 따라 살고 싶은데, 육신은 죄의 법을 따라 살아가는 삶의 괴리가 있었던 것이다. 이러한 갈등은 그리스도인이 된 우리의 삶 가운데도 동일하게 나타난다.

그런데 우리가 집중해서 바라볼 부분이 있다. 사도 바울은 24절에서 "오호라 나는 곤고한 사람이로다 이 사망의 몸에서 누가 나를 건져 내랴"라고 절규하더니, 곧바로 25절에서는 "우리 주 예수 그리스도로 말미암아 하나님께 감사하리로다"라고 고백하고 있다. 이처럼 사도 바울이 '죄의 법'을 완전히 극복한 상태가 아니었음에도 감사할 수 있었던 이유는 갈등의 본질을 객관적으로 바라보게 되었기 때문이다. 구원받은 하나님 자녀의 내면에 '하나님의 법'과 '죄의 법'이 충돌하는 것이 당연하다는 것을 깨닫고 그리스도 예수로 말미암아 감사하고 있는 것이다.

사실 사도 바울이 예수 그리스도를 구세주로 믿지 못했을 때는 이런 갈등이 없었다. 그는 예수 믿는 사람을 잡아 죽이면서 갈등도, 양심의 가책도 없었다. 그런데 오히려 믿음이 들어오고, 예수의 새 생명이 들어오고 나서 그에게 갈등이 생겼다.

우리의 신앙생활도 로마서 7장에서 다음 장으로 넘어가지 않으면 처절한 갈등의 상태에만 머물게 된다. 우리는 '사망의 몸'과 같이 죽은 시신과 묶여서 서서히 죽어 갈 수밖에 없는 우리 자신의 연약함을 객관적으로 바라볼 수 있어야 한다.

우리 내면에 거룩한 갈등과 양심의 가책이 있다는 것은

예수의 생명이 들어왔기 때문이다. 하나님의 뜻대로 살고 싶은데 마음대로 되지 않는 상태에 대해 영적인 갈등이 일어나는 것은 내 안에 예수의 생명과 믿음이 있기에 당연한 일이다. 그 내면의 갈등이 '하나님의 자녀라는 표적'인 것을 객관적으로 바라보며 그리스도 예수로 말미암는 갈등 자체에 감사할 수 있어야 한다.

그리스도 예수 안에는 결코 정죄함이 없다

사도 바울은 로마서 8장에서 '승리의 찬가'를 부르고 있다.

그러므로 이제 그리스도 예수 안에 있는 자에게는 결코 정죄함이 없나니 롬 8:1

승리의 찬가를 부르려면 자신을 비난하고 스스로를 비참한 인생으로 정죄하는 것을 멈춰야 한다. 이 말씀에서 사도 바울은 '그리스도 예수'라고 표현하며 그리스도이신 예수님, 구원자 되신 예수님을 강조하고 있다. 구원자 예수님 안에 있는 자에게 결코 정죄함이 없다는 이 선언은, 아무도 예수님을 구원자로 믿는 사람의 죄를 지적하고 비난할 수 없다는 의미다.

창세기 7장에서 노아와 가족들은 하나님의 명령에 따라 홍수를 피하여 방주 안으로 들어갔다. 문이 닫힌 후에는 지면의 모든 생물이 죽었고, 방주에 있는 노아의 가족과 짐승들만 구원을 받았다. 그때 노아의 방주 안은 어떤 상황이었을까. 창문은 다 닫혀 있고 그들은 모든 생리 현상을 방주 안에서 해결해야 했다. 노아의 가족들과 많은 짐승의 배설물 때문에 방주 안은 악취가 심했을 것이다. 그뿐 아니라 여러 짐승이 내는 시끄러운 소리 때문에 매우 고통스러웠을 것이다.

오늘날 교회 안에도 방주 안과 비슷한 상황이 펼쳐지고 있다. 영적으로 예수 그리스도의 몸임에도 불구하고, 방주 안의 상황처럼 여전히 냄새나고 시끄러운 연약한 모습이 드러난다. 오히려 교회 밖 사람들이 인격적으로나 도덕적으로 더 성숙할지도 모른다. 하지만 아무리 도덕적으로 훌륭해도 예수 그리스도 밖에 있으면 주님 앞에 설 때 심판을 받을 수밖에 없다. 세상 사람들이 교회 안에 있는 사람들을 흠잡고 비난하는 것은 영적인 무지 때문이다.

예수님을 구세주로 믿고 교회에 다니는 사람들은 행실이 완벽해서 구원받은 것이 아니다. 노아와 가족들도 완벽해서가 아니라, 방주에 들어갔기 때문에 구원받은 것이다. 당대에 의인이었던 노아도 방주에서 내려 첫 번째 농사를 지어 생산

한 포도주를 마시고 취하여 벌거벗었고, 술이 깨어서는 둘째 아들 함을 저주하는 혈기와 연약한 모습을 보여 주었다. 그럼에도 하나님이 그를 의인이라 불러 주신 것은 노아 스스로의 의로움 때문이 아니다. 하나님의 은총으로 인해 의인이라 불린 것이다(창 6:8). 오직 예수 그리스도를 구원자로 믿는 믿음으로 인해 결코 정죄함이 없는 것이다. 우리가 구원받고 정죄를 받지 않는 조건은 자격이나 공로가 아니라 예수 그리스도 안에서 하나님으로부터 의롭다 함이 주어지기 때문이다.

하나님이 그리스도 예수 안에 있는 우리를 정죄하지 않으시기에 사탄 마귀나 세상 사람들이 우리를 정죄할 수 없다. 우리는 이 구원의 복음을 붙들고 스스로도 정죄해서는 안 된다. 그런데 여전히 로마서 7장에 머물면서 8장에 나오는 승리의 찬가를 부르지 못하고 죄 때문에 신음하고 넘어지는 인생이 많다. 하나님 앞에서 죄를 인정하고 돌이키기 위해 몸부림쳐야 하지만 용서받을 수 없는 죄인이라고 스스로 정죄해서는 안 된다. 믿음의 사람은 인간의 노력으로 안 되는 것을 철저하게 인정하면서 하나님의 의와 용서를 구하고 전적으로 하나님을 의지해야 한다.

마른 뼈가 살아나듯이

로마서는 죄의 법을 극복하고 승리의 삶을 살아갈 수 있는 비결과 원리를 제시해 주고 있다. 그 비밀은 8장 1-4절에 있다. 육신의 노력으로는 도저히 죄의 법을 극복하지 못하고 백전백패했지만, 생명으로 이끄시는 '성령의 법'으로 인해 죄와 사망의 법을 이길 수 있음을 제시해 주고 있다.

이는 그리스도 예수 안에 있는 생명의 성령의 법이 죄와 사망의 법에서 너를 해방하였음이라 롬 8:2

여기서 '생명의 성령'과 '생명의 성령의 법'이라는 표현을 주목해야 한다. 새번역 성경은 이것을 '생명을 누리게 하는 성령'과 '생명을 누리게 하는 성령의 법'이라고 표현하고 있는데, 성령님은 생명, 즉 살리시는 영이라는 것이다. 성령님이 역사하시는 곳에서는 그 어떤 죽은 것도 살아난다. 마치 에스겔 골짜기의 마른 뼈들이 군대로 살아나는 것과 같다.

'마른 뼈'들은 이스라엘 백성의 영적 상태를 보여 주는 것이었다. 그런데 "생기가 그들에게 들어가매"(겔 37:10) 그들이 살아나서 일어나 큰 군대가 되었다. '생기'를 나타내는 히브리어 '루아흐'는 '하나님의 호흡, 하나님의 기운, 하나님의 영'을 의미한다. 죄를 짓고 비참하고 암울하게 살아가던 이스라엘 백성도 하나님의 생기가 들어가자 살아나게 되었다. 그러므로 우리도 살아나고, 우리의 가정과 자녀도 살아날 수 있다. '생기를 통해 생명으로 이끄시고 생명을 누리게 하시는 성령의 법'이 답이다. '생명의 성령'이 역사하시면 되는 것이다.

에스겔 47장을 보면 '성령님이 역사하시는 교회'는 사람들이 변화되고 은사를 받은 일꾼들이 세워지는 것을 알 수 있다. 세계적으로 부흥이 일어난 곳에는 언제나 독특하고 뜨거운 찬양을 주시는 현상을 보게 되는데, 하나님의 영은 찬양을 통해 역사하시기 때문이다.

이 시대의 교회도 이와 같은 부흥을 꿈꿔야 한다. 요즈음 내가 섬기는 교회 안에서는 은혜로운 찬양들을 작곡하는 은사를 받은 일꾼들이 일어나면서 새 찬양곡들이 보급되고 있다. 내가 강단에서 말씀을 선포하면 즉시 그것을 현장에서 가사로 만들어 찬양으로 부르도록 성령께서 역사하신다. 성령님이 역사하시면 많은 영혼이 살아나고, 많은 인재가 모이게 된다. 어떤 교회 공동체든지 성령님의 운행하심에 제한을 두지 않고 그분의 인도하심과 충만한 기름 부으심을 받게 되면 개인과 가정과 사업장과 지역과 교회가 다시 살아나고 회복되는 역사가 일어나는 것을 경험하게 될 것이다.

패배에서 승리로 역전하는 힘

왜 성경은 '생명의 성령의 법'(롬 8:2)이라고 표현했을까? '법'을 뜻하는 헬라어 '노모스'는 '원리'를 의미한다. 따라서 이 표현은 '생명으로 이끄시는 성령님은 언제 어디서나 누구에게든지 동일하게 승리의 삶을 제공하는 분'이라는 뜻이다.

'법칙'이란 언제 어디서나 끊임없이 작동하는 인과관계를 의미한다. 쉽게 말해서 물건을 공중에 놓으면 '중력의 법칙'에 따라 바닥으로 곤두박질치지만, 그 중력보다 더 센 힘이 반대로 작용하면 그것을 극복하고 공중으로 날아갈 수 있는 것과 같다. 비행기나 우주선이 그것을 증명한다. 이것을 영적으로 적용해 보자. '죄와 사망의 법'은 언제 어디서나 누구에게든지 동일한 결과를 가져오지만, '생명의 성령의 법칙'은 '죄와 사망의 법칙'으로부터 해방(승리)을 가져다 준다.

사도 바울도 로마서 7장에서는 죄의 법으로 말미암은 패배로 그토록 절망하고 탄식했지만, 이제는 생명으로 이끄시는 성령의 도우심으로 승리의 찬가를 부를 수 있음을 확증하고 있다. 죄로부터의 승리의 개가를 힘차게 외치고 있는 사도 바울의 승리는 바로 우리의 승리가 될 수 있다.

생명의 성령을 따라 행하는 삶

육신을 따르지 않고 그 영을 따라 행하는 우리에게 율법의 요구
가 이루어지게 하려 하심이니라 롬 8:4

하나님의 영의 인도하심에 순종하며 따라가는 인생들, 즉
예수 그리스도를 삶의 주인으로 인정하며 따르는 인생은 그
분의 힘으로 죄를 이기고 비상하게 된다. "우리에게 율법의
요구가 이루어지게" 한다는 것은 '하나님의 뜻을 온전히 성취
할 수 있는 상태가 된다'는 뜻이다. 그렇기에 성령 안에서 살
아가는 사람은 죄의 유혹이나 세상 풍파에 약간 흔들릴지언
정 절대로 넘어지지 않는다. 그러나 그것은 매 순간 성령님의
인도를 받아 순종하며 살아갈 때만 가능하다.

우리는 각자 지금 나 자신이 어디쯤 와 있는가를 점검해
보아야 한다. 나는 지금 로마서 7장에 머물고 있는가, 아니면
8장에서 승리의 찬가를 부르고 있는가. 성령님의 은혜를 체
험하고 그분과 인격적으로 교제하는 삶만이 죄와 사망의 법
으로부터 해방되고 승리하는 방법이다.

신앙생활을 하면서 성령님이 누구신지도 모르고, 성령님
과 동행하며 살지 않음으로 인해 약속된 승리의 삶이 아닌 처

절한 패배자로 살고 있지 않은지를 점검해 보아야 한다.

성령님의 인도를 받게 되면 꺾이지 않는 믿음의 사람, 승리의 사람이 된다. '대적, 송사, 정죄'로부터 승리하게 되어 담대해지고, '환난, 곤고, 박해, 굶주림, 헐벗음, 위험, 칼의 위협'으로부터 넉넉히 이기게 된다.

> 그러나 이 모든 일에 우리를 사랑하시는 이로 말미암아 우리가
> 넉넉히 이기느니라 롬 8:37

성령 안에서 살아가는 사람들은 사도 바울이 그랬던 것처럼 이 모든 것을 이겨 낸다. 우리도 사도 바울과 같이 생명의 성령 안에서 살아가기 위하여 말씀 중심으로 살아가며, 기도하는 삶을 지향해야 할 줄로 믿는다.

우리는 생명으로 이끄시는 성령 안에서 살아가야 한다. '성령으로 기름 부어 주세요. 성령으로 충만케 해주세요. 성령님의 지배를 받겠습니다'라고 성령님의 인도를 구하며 나아가면 그분의 이끄심을 받고 놀라운 일을 경험하게 된다.

우리는 성령 안에서 능히 세상을 이길 수 있다. 하나님의 영이 주시는 힘이 우리를 지배하면 이전과는 전혀 다른 삶을 살게 된다. 어떠한 고난도 이겨낼 수 있다는 용기와 담대함을

갖게 된다. 우리 믿음의 사람들은 로마서 7장처럼 죄로 인해 절규하는 삶에 머물러 있지 말고, 세상을 향해 전능하신 하나님을 보여 주면서 '넉넉히 이기리라!' 하며 승리의 찬가를 불러야 한다. 성령의 충만함을 덧입고 생명으로 이끄시는 '성령의 법' 안으로 들어가기를 바란다.

하나님의 승리 공식

누군가와 좋은 관계를 오래도록 지속하면서 만남의 축복과 풍성함을 누리기 위해서는 그 사람에 대하여 깊이 알고 이해하려는 노력이 필요하다. 그럴 때 서로의 관계는 보다 더욱 성숙해지고 풍성해진다. 하나님과의 관계도 마찬가지다. 우리가 하나님을 객관적 지식과 주관적 경험을 통해 깊이 있게 알아 갈 때, 그것은 하나님의 일하심과 역사하심에 민감하게 반응하며 승리의 삶을 살게 하는 원동력이 된다.

하나님은 창세기(13장, 15장)를 통해 가나안 땅에 관해 아브라함에게 약속하셨다. 아브라함의 자손들이 약 400년 동안 애굽에서 종살이를 하고 나와서 그 땅을 차지하게 된다는 내용이었다. 또한 하나님은 모세를 호렙산에서 부르시면서 애굽에서 압제 받던 이스라엘 백성을 구원하신 후에 젖과 꿀이 흐르는 가나안 땅을 주겠다고 약속하셨다(출 3:8).

하나님은 모세의 뒤를 이은 여호수아에게도 가나안 땅을 주겠다고 약속하셨는데, 이 언약은 당시에 하나님이 예언적 완료형으로 말씀하셨다.

> 내 종 모세가 죽었으니 이제 너는 이 모든 백성과 더불어 일어나 이 요단을 건너 내가 그들 곧 이스라엘 자손에게 주는 그 땅으로 가라 내가 모세에게 말한 바와 같이 너희 발바닥으로 밟는 곳은 모두 내가 너희에게 주었노니 곧 광야와 이 레바논에서부터 큰 강 곧 유브라데 강까지 헷 족속의 온 땅과 또 해 지는 쪽 대해까지 너희의 영토가 되리라 수 1:2-4

이스라엘 백성이 그 땅을 실제로 취하게 되었을 때는 하나님이 아브라함에게 말씀하신 지(창 15:13-16) 약 500년이 지난 후였다. 그사이 야곱과 그의 가족들은 흉년을 피해 애굽에 내려갔다가 그곳에서 430년의 세월을 보내게 된다. 요셉이 애굽의 총리였던 시기에 야곱의 가족 75명이 애굽의 고센 땅에 정착했지만(행 7:14), 하나님의 은혜로 430년 후에는 성인 남자의 수만 60만 명이 넘어서고 총인구 수가 대략 200만 명에 육박하는 민족으로 성장했다.

그런데 요셉을 모르는 새 왕이 애굽의 왕이 되자 세력이 커진 이스라엘 민족을 견제하며 강제로 노역을 시키는 상황이 펼쳐진다. 하나님은 이스라엘 자손들이 고통에 신음하는 소리를 들으시고 모세를 통해 애굽 땅에 열 가지 재앙을 내려 구원해 내신다. 그렇지만 홍해를 건너 광야에 들어온 후 그들의 불신앙과 원망, 불평이 거세진다. 하나님은 불과 열 하룻길(신 1:2)에 불과했던 요단강 입구까지의 거리를 40년이나 걸려 도착하게 하신다. 게다가 가나안 땅으로 진군하고도 여호수아에게 약속하신 가나안을 정복하는 데 다시 30년 정도가 걸렸다. 이처럼 아브라함에게 약속하셨던 가나안 정복은 무려 500년이 지난 후에 비로소 성취된 것이다.

이 모든 것은 하나님의 계획 안에서 일어난 일이지만, 사실은 이스라엘 백성의 불신앙 때문에 더 오랜 시간이 걸렸다. 하나님은 전능하시고 인간의 생사화복과 국가·민족의 흥망성쇠를 주관하시기 때문에 모든 것을 하실 수 있는 분이다. 그런데 왜 40년 광야 생활도 모자라 30년 동안 생사를 위협받는 전쟁을 치르게 하셨을까? 당신이 특별히 선택한 백성들에게 가나안 땅을 주시는 과정과 기나긴 시간의 흐름 속에서 우리는 하나님의 일하시는 공식을 알게 된다.

제1공식: 서두르지 않으시는 하나님

사람은 조급하지만, 하나님은 결코 서두르지 않으신다. 사람은 과거를 회상하며 현재에 머무르지만, 하나님은 과거·현재·미래, 그리고 영원까지 동시에 보고 주관하신다. 시간의 주인은 바로 하나님이시기 때문이다.

하나님은 40년의 광야 생활도, 30년 동안의 기나긴 가나안 정복 전쟁 속에서도 조급해하지 않으셨다. 사람에게는 긴 시간이지만, 하나님에게는 짧디짧은 시간이다. 하나님은 천 년을 하루같이 여기신다(벧후 3:8). 하나님은 결과에 치중하기보다는 어떤 일이 이루어지는 과정 속에서 당신의 영광이 드러나는 방향으로 일을 진행하신다. 그래서 조급한 사람들과는 다르게 하나님은 이스라엘 백성의 광야 40년 동안에도 낙심하지 않고 여유롭게 일하셨다.

하나님은 오로지 때가 이르면 역사하신다. 그때는 '하나님의 때'(In His proper time)를 의미한다(갈 6:9). 하나님이 어떤 일을 행하실 때는 언제나 가장 적절한 타이밍이다. 하나님은 아브라함에게 말씀하시고 난 후 이스라엘 민족이 500년 동안 기다리게 하셨다. 그래서 인간은 서두르지 않으시는 하나님을 마치 일하지 않으시는 것처럼 오해할 때도 있다. 인간은 자신이 원하는 때와 방법으로 일이 이루어지지 않으면 낙심하기도 한다.

이스라엘에서 광야 체험을 한 적이 있다. 끝없이 펼쳐진 돌 사막을 세 시간 걸었는데도 너무나 힘이 들었다. 그러나 하나님의 은혜는 이 모든 어려움을 이겨내게 하신다. 사실 이스라엘 민족이 광야에서 40년을 견뎌 낸 일도 하나님의 은혜가 없이는 불가능한 일이었다. 하나님은 이스라엘을 만나로 먹이시고, 낮에는 구름 기둥으로 밤에는 불기둥으로 보호해 주셨다.

우리가 하나님의 타이밍을 이해하면 마음의 평화를 누리게 된다. 부모가 자녀를 키우며 겪는 어려움 중의 하나는, 아이들이 자기가 원하는 방식을 고집하며 부모와 팽팽한 줄다리기를 할 때다. 그런데 아이가 자라면서 철이 들면 어느 순간 '부모님이 정말 나를 위해서 말씀하신 거구나. 부모님이 옳았구나'라고 깨닫게 된다.

하나님 앞에서 우리도 마찬가지다. 신앙이 성숙할수록 '하나님이 내가 원하는 것을 거절하심이 옳았구나. 내 기도를 외면하신 게 아니라 다 듣고 계셨구나' 하고 생각하게 된다. 하나님이 가장 좋은 타이밍에 나를 인도하셨음을 깨닫는 것이 성숙한 신앙이다.

제2공식: 불신앙을 타협하지 않으시는 하나님

하나님은 거룩하며 신실하신 분이다. 하나님은 죄와는 절대로 타협하지 않으신다. 하나님이 이스라엘 백성을 애굽에서 구원하셨는데, 그들은 광야 생활이 시작되자마자 불평을 쏟아 놓았다. 하나님은 이스라엘 백성이 불신앙으로 원망하고 불평하는 것을 그냥 눈감지 않고, 그들이 믿음을 회복할 때까지 광야에 두셨다. 결국 출애굽 1세대 사람들 모두 광야에서 일생을 마치도록 섭리하셨다. 여호수아와 갈렙만 가나안 땅을 정복할 수 있었던 것은 믿음이 무너졌을 때, 개인이나 교회 공동체를 위하여 눈을 지그시 감아 주면서 타협하는 태도로 불신앙을 그냥 넘어가 주시는 분이 아니다.

하나님이 불신앙에 대해 얼마나 철저하고 단호하신지 알겠는가. 그렇기에 오직 믿음을 가진 자만이 참된 안식에 들어갈 수가 있다(히 4:3). 하나님이 독생자 예수님을 이 땅에 보내시고 그 생명을 온 세상 죄인들을 구원하기 위한 대속 제물로 희생하게 하신 것은 죄와 불신앙을 결코 용납하지 않으시겠다는 엄중한 선언이다.

믿음이야말로 삶의 최우선 가치이자 최고의 축복이고 선물이다(엡 2:8). 하나님은 그들이 가나안 땅의 삶을 감당할 만한 믿음으로 훈련시키셨다. 이스라엘 백성은 결코 광야에서 허송세월한 것이 아니다. 오히려 40년 동안 하나님이 가나안 계획을 미루시면서까지 이스라엘 백성이 믿음을 갖도록 기다리신 사랑의 시간이었다.

이스라엘 백성이 애굽에서 종살이하다 나올 때 그들에게는 많은 금은보화가 있었다. 이는 하나님이 내린 열 가지 재앙 중 마지막인 장자의 죽음이 임하자 애굽 사람들이 두려워하며 이스라엘 사람들에게 금은보화를 내어주고 빨리 나가도록 재촉했기 때문이다. 금은보화는 하나님의 권능으로 허락하신 것이었다. 사람은 외형적으로 눈에 보이는 물질이나 사회적 지위에 많은 관심을 둔다. 그러나 하나님은 그들이 가진 물질에는 관심이 없으시다. 오히려 그들이 중심에 믿음이 있기를 원하셨다.

하나님의 관심은 택하신 백성들의 믿음에 있다. 믿음이 없이는 한 발자국도 약속의 땅에 내디딜 수가 없다. 오직 믿음이 있는 사람만 그 땅을 밟을 수 있다. 하나님의 관심은 믿음인데, 외형적인 것을 우선시하며 거기에 주된 관심을 가지는 것은 미련한 일이다.

믿음을 도외시한 결과 그들은 '금송아지'라는 우상을 만들게 된다(출 32:8). 그들은 광야에서 가나안 땅이라는 하나님의 축복을 감당할 만한 믿음이 준비되지 않았기에 금은보화로 금송아지, 즉 우상을 만들었다.

진정한 승리나 성공은 물질을 비롯한 외형적인 것이 아니라 내면적인 것, 즉 믿음의 영역이다. 부모 세대가 아무리 사회적으로 성공하고 물질의 축복을 받아도 자녀 세대가 감당할 만한 믿음을 준비하지 못하면 물질 때문에 우상에 빠지게 된다. 축복을 감당할 만한 믿음의 보자기가 준비되지 않으면 하나님 대신 물질을 우상처럼 의지하게 된다. 하나님은 우리에게 눈에 보이는 축복을 주시면서 이 모든 것을 능히 주시는 하나님을 더욱 의지하는 믿음의 삶을 촉구하신다.

만약 하나님이 노예로 살던 이스라엘 백성에게 정착할 땅을 주시는 것이 목적이었다면 그들이 최단 경로로 가나안에 입성하게 하셨을 것이다. 그런데 믿음이 준비되지 않으면 가나안 땅에서 우상을 섬기고 하나님을 떠나게 될 것을 누구보다 잘 아셨기 때문에 많이 지체되는 것처럼 보여도 광야에서 시간을 보내도록 하신 것이다. 이스라엘 민족은 믿음이 준비되지 않았기에 11일이면 졸업할 수 있는 광야 학교를 40년이나 걸리게 하셨다. 가장 큰 축복은 믿음이다. 보배 같은 믿음을 소유하고 빠르게 광야를 통과하는 것은 얼마나 큰 축복인가!

제3공식: 사람을 동역자(co-worker)로 부르시는 하나님

하나님은 말씀 한마디로 천지 만물과 우주를 창조하신 전능하신 분이다. 그럼에도 불구하고 하나님은 출애굽한 이스라엘 백성에게 가나안 땅을 정복하라고 말씀하셨다. 광야 40년을 지나면서 많은 고생을 했을 이스라엘 백성을 배려하여 그들로 하여금 푹 쉬게 하고, 가나안 땅 정복은 하나님이 친히 천사들을 보내어 하실 수도 있었을 텐데, 군이 30년간의 전쟁을 통해 이스라엘 백성이 약속의 땅 가나안을 차지하게 하신 이유가 무엇일까.

하나님은 사람을 창조하신 후 사람과 함께 일하기를 원하셨다. 이는 사람을 통해 영광을 받으시고, 동시에 사람에게 축복과 상급의 기회를 주시기 위해 하나님이 선택하신 사랑의 방식이다. 하나님은 사람을 하나님의 형상을 지닌 인격적 존재로 만드셔서 사람의 순종과 헌신을 통해 이루어진 열매로 영광 받기를 원하시며, 사람이 그 열매를 누리도록 하셨다. 하나님은 사람을 동역자로 부르시고, 우리를 떠나지도 버리지도 않겠다고 약속하셨다. 그 약속이면 충분하지 않은가!

네 평생에 너를 능히 대적할 자가 없으리니 내가 모세와 함께 있었던 것같이 너와 함께 있을 것임이니라 내가 너를 떠나지 아니

우리와 함께해 주겠다고 약속하신 하나님은 쉬운 방법을 택하지 않으신다. 내가 섬기는 교회도 어려운 상황에서 세계 선교와 구제를 위해서 몸부림치고 있다. 그런데 하나님은 세계적인 부자를 통해 단번에 거액을 헌금하도록 하실 수도 있는데 그 방법을 택하지 않으시고 연약한 우리를 통해 역사하신다. 왜일까? 하나님은 우리의 손을 거쳐 일하기를 원하시기 때문이다. 이것이 하나님이 일하시는 방법이다.

하나님의 말씀에 순종하며 가나안을 정복하고 주님의 일을 하는 것이 힘들지만, 하나님의 부르심은 영광스러운 일이다. 예를 들어, 대통령실에서 총리 자리를 제의한다면 아무리 힘들어도 나라를 위해 일하는 영광스러운 부름을 따를 것이다. 하나님은 교회와 가정과 사회에서 우리를 불러 주시고 일을 맡겨 주셨다. 사실 전능하신 하나님은 혼자 모든 일을 하실 수 있다. 그런데도 부족하고 연약한 우리를 불러서 함께 일하게 하신다. 이스라엘 백성에게도 가나안 땅을 이미 약속하셨는데, 막상 그 땅에 들어간 그들은 직접 정복 전쟁을 치러야 했다. 이것은 하나님이 우리를 동역자로 부르셨다는 증거다.

성경적 정신은 일하는 것이다. 무슨 일이든 열심히 하며 땀을 흘리고 수고하고 희생하는 것이 곧 성경적 정신이요, 축복이다. 하나님이 우리에게 맡겨 주신 모든 일을 힘들다 생각하지 말고 관점을 바꿔야 할 것이다.

제4공식: 결과보다 동기와 과정을 중시하시는 하나님

이스라엘 백성을 비롯한 대부분의 사람들은 결과에 치중하지만 하나님은 과정과 그 일의 동기 속에서 어떤 태도로 살아가느냐에 더 중요한 관심을 두신다. 결과는 좋은 동기와 과정에서 발생한 자연스러운 산물이다.

여리고 성의 무너짐은 이스라엘 백성의 간절한 관심사였다. 여리고 성은 32제곱킬로미터 둘레의 보통 크기 성이었지만, 매우 중요한 위치에 있었다. 이스라엘이 여리고 성을 빠른 시간에 정복하지 않는다면, 남과 북 가나안 거민의 연합을 통해 매우 위험하고 힘든 지경에 빠질 수도 있었다. 그러나 하나님은 일반적인 전쟁 준비에 있어서는 말도 안 되는 명령을 내리신다. 7일 동안 아무 말도 하지 않고 언약궤를 앞세워 여리고 성 둘레를 돌라는 것이었다.

전쟁에 관해 생각해 본다면, 하나님이 내리신 명령은 어찌 보면 이스라엘 백성에게 더욱 불리해 보인다. 7일 동안 매일 한 바퀴씩 돌되, 7일째에는 일곱 바퀴를 돈다는 것은 전투를 시작하기 전부터 헛심을 빼는 것으로 오해할 수 있는 명령이었다. 거기다 여리고 성을 돌 때 성 위에 있던 여리고 사람들이 그들을 조롱할 수 있다. 그러면 이스라엘 군인들의 사기가 떨어질 수 있는 상황이 연출되는 것은 불을 보듯 뻔한 일이었다. 게다가 성을 도는 7일 동안 아무 말도 하지 않는 것은 더 큰 불만을 야기할 수도 있는 일이었다.

여리고 성은 3-4미터 두께의 내벽과 외벽으로 이루어져 있는 매우 견고한 성이다. 그런 성을 도는 것과 함락하는 것은 아무런 연관이 없어 보인다. 이는 자칫 여호수아의 리더십이 흔들릴 수도 있는 상황이었다. 그러나 하나님은 이러한 비합리적이고 비이성적인 명령을 통해 여호수아와 이스라엘 백성의 믿음의 태도를 점검하셨다.

하나님은 오늘날에도 말씀을 통해 하나님 자녀들의 믿음을 저울질하신다. 하나님은 우리의 삶을 통해 성취된 결과물보다 매일 모든 순간의 삶 속에서 하나님의 말씀을 따라 살아가는 믿음의 태도를 더 귀하게 보신다. 믿음은 온전한 순종으로 귀결된다. 그리고 믿음은 현실보다 하나님을 더 크게 보는 태도다.

하나님은 당신의 백성에게 가나안 땅을 약속하신 순간 그 땅을 이미 주셨다. 하나님은 그들이 어떤 태도로 그 땅을 정복해 가는지를 주목하셨다. 우리가 전쟁터와 같은 치열한 삶의 현장을 살아가면서 미래에 대해 막연하게 생각해 볼 때가 있을 것이다. 그런데 하나님은 내 미래에 어떤 결과가 나타나는가 보다는 오늘 주어진 삶 속에서 어떤 믿음의 태도로 살아가느냐를 더 중요하게 여기신다. 우리가 하루하루를 감사하며 믿음으로 살아갈 때 결과는 자연스럽게 따라오는 것이다.

몇 년 전, 코로나 팬데믹이 계속되던 3년 동안은 참으로 어려웠다. 모이는 것이 편치 않은 상황 자체가 교회 공동체에 크나큰 위기였다. 그런 위기 상황을 목회자의 관점에서 바라보면서 하나님이 우리의 믿음을 테스트하신다는 생각을 하게 되었다. 내가 섬기는 교회는 '선교'와 '구제' 항목이 전체 예산의 40퍼센트에 가깝다. 코로나 상황에서도 계획대로 예산을 집행해야 할지 고민이 되었다. 하지만 기도를 하면 자꾸 하나님이 지역사회 섬김, 작은 교회 살리기, 한 부모 가정 및 어려운 이웃 섬김을 하도록 감동을 주셨다. 하나님은 움켜쥐고 있는 손을 펴는 것이 복이라고 말씀하셨다. 결국 어려운 상황 속에서도 하나님의 말씀에 순종했는데. 그때 하나님은 그해에 예산보다 결산이 초과되는 기적을 경험하게 하셨다. 많은 교회가 코로나 상황이 계속되던 기간에 교회 예산이 줄

어들었다고 하지만 오히려 우리 교회는 늘어나는 기적이 일어난 것이다.

이스라엘 백성도 여리고 성을 돌라는 명령에 온전히 순종하자 견고하던 여리고 성이 무너져 내렸다. 부족하지만 결과에 집착하지 않고 매일의 삶 속에서 하나님이 말씀하시는 방식대로 살아가면 하나님이 영광을 받으시고 삶의 현장에 여리고 성이 무너지는 놀라운 기적이 일어날 것이다. 하나님의 일하시는 방식에 초점을 두고 부르심에 믿음으로 응답하자.

진짜는 구원합니다

폭풍 한복판으로 찾아오시는 하나님

예수님은 오병이어의 기적을 일으키신 이후에 즉시 제자들을 바다 건너편으로 보내시고, 기도하기 위해 산으로 가셨다(막 6:45-46). 제자들은 예수님의 말씀을 따라 갈릴리 바다 건너편으로 노를 저어 가던 중 생각지도 못한 역풍을 만났다. 그 결과 제자들은 바다 한가운데에서 더 이상 나아가지 못하고 지칠 대로 지친 고통의 상황 속에 있게 되었다.

힘겹게 노 젖고 있는 제자들을 보신 예수님은 밤 사경 즈음에 물 위를 걸어서 제자들에게 다가가셨다. "안심하라 내니 두려워하지 말라"(막 6:50)라고 말씀하시고는 제자들이 탄 배에 오르셨다. 그 순간 밤새 제자들을 괴롭혔던 바람이 한순간에 잔잔해졌다.

사람의 환호에 도취되지 말라

오병이어의 사건 이후에 사람들의 반응은 가히 폭발적이었다. 예수님을 임금으로 모시려는 분위기가 고조되는 상황이었다(요 6:15). 예수님이 이 땅에 오신 목적은 잃어버린 자를 찾아 구원하기 위한 것(눅 19:10)이었지만, 초자연적인 기적의 역사를 접한 사람들은 예수님을 이스라엘 민족을 구원할 정치적 메시아로 추앙코자 했다.

예수님은 온 우주의 만왕의 왕이시다. 만약 예수님이 이 땅에 오신 진짜 목적을 뒤로하고 한 나라의 통치자가 되셨다면 구원 역사는 계속되지 않았을 것이다. 그 사실을 너무나 잘 아셨던 예수님은 제자들을 급하게 재촉하여 갈릴리 호수 건너편 벳새다로 가도록 명령하셨다.

이 사건을 통해 도전받는 것은, 예수님은 하나님의 뜻에 집중하여 그것을 잊어버리지 않는 태도를 지키셨다는 사실이다. 대부분의 사람들은 승리의 분위기에 한껏 취하고 싶어 한다. 자신이 속한 공동체 안에서 칭찬과 격려를 받고자 하는 욕구도 있다. 반면 자신의 능력이나 공로에 대하여 흡족한 평가를 받지 못하면 마음에 상처를 받기도 한다. 이처럼 많은 인생이 삶의 의미를 자아실현에서 찾고자 한다. 그런데 성경은 그것이 삶의 목적이라고 말씀하지 않는다. 오히려 "누구든지 제 목숨을 구원하고자 하면 잃을 것이요 누구든지 나를 위하여 제 목숨을 잃으면 찾으리라"(마 16:25)라고 말씀하며 자아를 부인하라고 하신다. 우리 삶의 목적은 하나님의 뜻을 이루어 가며, 하나님의 영광을 드러내는 것이어야 한다.

보리떡 다섯 개와 물고기 두 마리로 오천 명을 먹인 기적의 혜택을 경험한 수많은 사람의 환호와 열광적인 반응을 뒤로하고 즉시 그 자리를 떠날 사람이 우리 중에 과연 몇이나 되겠는가. 예수님은 죄인들을 구원하기 위해 오셨기에 그러한 환호와 열광적인 반응 속에 머물러 있을 수가 없었다.

예수님은 이미 당신을 왕으로 삼으려는 움직임을 알고 계셨기에 하나님의 뜻을 왜곡시키는 환경을 그대로 둘 수 없었다. 그래서 제자들을 재촉하여 배를 타고 호수 건너편으로 건너가게 하신 것이다(막 6:45). 사람들의 시선에는 화려하고 좋은 상황인 것 같아도 하나님의 관점에서는 심각한 문제 상황일 수 있다. 사람들로부터 환호를 받는 것이 때로는 하나님 보시기에 매우 위험해질 수 있는 것이다.

우리도 예수님처럼, 사람들에게 환호 받기를 기대하지 말아야 한다. 혹시라도 환호 받는 상황을 만나게 된다면 그 환경에서 빨리 빠져나올 수 있어야 한다. 예수님을 따르는 제자들도 그들의 존재 목적이 예수 그리스도가 가신 좁은 길을 가는 것임에도 불구하고 시나브로 사람들의 환호를 받는 것이 목적이 될 때가 있었다. 이것은 유혹이다. 예수님은 사람들의 환호를 받게 하려고 우리를 주의 제자와 일꾼으로 부르신 것이 아니다.

내가 전도사였던 서른한 살 때, 하루는 집회를 인도하기 위해 차를 운전하며 계속 기도하면서 집회 장소로 가고 있었다. 차 안에서 눈물로 기도하는 중에 하나님이 음성을 들려주셨다. 그것은 나에게 있어 평생 잊을 수 없는 매우 강렬한 사건이었다. 하나님이 내게 들려주신 또렷한 음성은 '히든카드'(Hidden Card)라는 한마디였다. 나를 드러내지 말고 숨어야 한다는 것이었다. 나는 하나님의 그 말씀을 '네가 자신을 드러내려고 하지 않고 끊임없이 겸손하게 숨는다면 끝까지 갈 수 있을 거야'라는 의미로 받아들였다.

대부분의 사람들은 자신을 드러내며 대중의 스포트라이트를 받고 싶어 하지만, 예수님은 승리에 도취되지 말고 숨어서 진정한 삶의 목적을 따라가라고 말씀하신다. 삶의 목적이 명확하게 정립되지 않으면 끊임없이 상처를 받을 수밖에 없다. 우리가 살아가는 목적이나 교회에서 섬김과 봉사를 하는 목적도 사람들에게 인정이나 찬사를 받기 위함이어서는 안 된다. 성경적 관점에서 보면 우리는 어떤 상황에서도 하나님의 영광을 위해 살아야 한다. 심지어 억울하게 욕을 먹고 박해를 받아도 세상의 소금과 빛으로서 하늘에 계신 아버지께 영광을 돌리는 삶을 살아야 한다.

기도로 마음을 다잡으라

승리와 성공의 자리에 도취되지 않기 위해서는 마음 관리가 중요하다. 마음 관리의 비결은 예수님이 보여 주신 것처럼, 기도밖에 없다(막 6:46). 우리는 삶의 필요를 해결받기 위해 기도하기도 하지만, 더욱 중요한 기도의 목적은 하나님의 마음을 소유하기 위함이다.

사람들이 자신에게 찬사를 보내며 환호한다면 그 상황을 즐기고 머물고 싶어하는 것이 인지상정이다. 그러나 예수님은 수많은 군중이 예수님을 향해 환호성을 지르며 열광할 때, 그 자리를 떠나 기도의 자리로 가셨다. 찬사와 환호성을 즐기고 싶은 마음에서 빠져나오기 위해서는 달리 방법이 없다. 끊임없는 기도를 통해 잠시 영광의 자리에 도취된 자신의 마음을 다스리며 하나님의 마음으로 채워야 한다.

사도 바울도 "나는 날마다 죽노라"(고전 15:31)라고 고백했다. 이것은 하나님의 뜻을 따르기를 거부하며 세상의 환호에 머물기를 원하는 육신과 자아를 극복하기 위한 몸부림의 고백이라고 볼 수 있다.

사도 바울이 날마다 주님의 이름을 드러내는 삶을 살 수 있었던 것은, 하나님 앞에서 날마다 자아를 십자가에 못 박는 몸부림이 있었기 때문이다. 사도 바울은 "내가 그리스도와 함께 십자가에 못 박혔나니 그런즉 이제는 내가 사는 것이 아니요 오직 내 안에 그리스도께서 사시는 것이라 이제 내가 육체 가운데 사는 것은 나를 사랑하사 나를 위하여 자기 자신을 버리신 하나님의 아들을 믿는 믿음 안에서 사는 것이라"(갈 2:20)라고 설파하면서 자신의 육적 자아를 예수께서 못 박히신 십자가에 함께 못 박기 위해 몸부림쳤다.

십자가 위에 못 박혀야 마땅한 죄인은 바로 나다. 그런 우리를 대신해 십자가에 달려 죽으신 예수님처럼 바울은 자신의 육적 자아와 죄성을 철저히 다스리기 위해 "나는 날마다 죽노라"(고전 15:31)라고 선포하면서 십자가의 의미를 실제적이고도 구체적인 삶으로 실현하려고 했다.

순종했지만 역풍을 만날 수 있다

예수님은 제자들 역시 군중의 환호성에 취해 자신들의 사명을 잊어버릴 수 있는 연약함이 있음을 잘 알고 계셨다. 그래서 제자들을 갈릴리 건너편 벳새다로 즉시 건너가게 하셨다. 제자들은 자신들의 감정과는 상관없이 순종할 수밖에 없었다.

그들은 손수 배를 저어서 갈릴리 호수를 건너가고 있었는데 해가 저물 무렵 호수 가운데에서 역풍을 만났다. 그래서 그들은 조금도 앞으로 나아갈 수 없을 정도로 바다 한복판에서 밤 사경까지 바람과 싸워야 했다. 이 상황을 다시 잘 생각해 보면, 제자들은 지금 예수님의 말씀에 순종하여 갈릴리 호수 건너편으로 가는 길에 역풍을 만난 것이다. 순종한다고 해서 모든 삶이 평탄한 것은 아니다. 믿음의 사람은 어떤 상황 속에서도 합력하여 선을 이루시는 하나님을 믿고 신뢰할 수 있어야 한다(롬 8:28).

우리가 삶 가운데 아무런 고난을 만나지 않는 것이 유익할 것 같지만, 하나님은 때로 우리를 더 좋은 길로 인도하시기 위해 고난과 고통을 통과하게 하신다. 성경은 우리에게 "의인은 고난이 많으나 여호와께서 그의 모든 고난에서 건지시는도다"(시 34:19)라고 말씀한다. 믿음으로 사는 사람이든 불신의 사람이든 동일하게 모든 인생길에는 무수한 고난이 있다. 하지만 결정적인 차이는 여호와 하나님이 의인을 모든 고난에서 건져 주신다는 약속에 있다.

믿음으로 순종하는 삶의 여정 속에서도 시련의 바람을 만날 수 있다. 이사야 43장 1절에서 하나님은 야곱에게 "너는 내 것이라"고 말씀하신 뒤 2절에서 인생의 다양한 시련을 상징하는 물과 강과 불을 만나지 않게 하겠다고 하시지 않고 오히려 "물 가운데로 지날 때에", "강을 건널 때에", "불 가운데로 지날 때에"라고 언급하신다. 이것은 하나님이 선택하신 백성일지라도 불과 물과 강과 다양한 종류의 시련을 만날 수 있지만 하나님이 그 모든 시련을 극복하고 감당할 수 있도록 힘과 능력을 공급해 주시겠다는 약속이다.

지켜보고, 기다리고, 찾아오시는 예수님

예수님은 풍랑 속에 갇힌 제자들을 바로 돕지 않으시고 밤 사경까지 지켜보고 기다린 후에야 바다 위로 걸어서 그들을 찾아가셨다. 초저녁부터 밤 사경까지는 자그마치 아홉 시간 정도의 시간이다. 여기에는 굉장히 중요한 의미가 있다.

첫째, 예수님은 지켜보고 계셨다. 예수님은 제자들이 갈릴리 바다를 건너기 위해 초저녁부터 밤 사경까지 역풍과 싸우고 애써 노를 젓고 있는 것을 다 알고 계셨다. 마찬가지로 예수님은 이 땅을 살아가는 모든 인생의 고통스러운 상황을 알고 계시며, 보고 계신다. 예수님은 우리의 고통을 결코 외면

하지 않으신다.

둘째, **예수님은 기다리셨다.** 제자들의 고통을 보신 예수님은 밤 사경까지 기다리셨다. 예수님이 그렇게 하신 특별한 의도가 무엇일까. 제자들이 자신의 한계를 깨닫게 하기 위한 의도도 있었으리라 본다. 역풍의 상황, 한 치 앞도 전진할 수 없는 칠흑 같은 어두운 바다 한복판에서 제자들이 어떤 생각을 했겠는가. 그들은 직전에 오병이어의 기적을 목격했다. 그런데 지금은 역풍의 상황 속에서 전능하신 예수님을 다 잊어버리고 만다(막 6:52).

인간의 믿음은 유동적이다. 때로는 돌처럼 굳어져서 도저히 뚫을 수 없는 마음의 상태에 머물기도 한다. 또한 부드러운 옥토와 같이 말씀을 믿고 받아들이는 열린 마음을 가지게도 한다. 제자들은 오병이어의 기적이 있게 하신 주님을 경험했지만, 길어지는 역풍의 상황을 바라보면서 마음이 돌처럼 굳어져서 믿음을 삶의 현장에서 적용하지 못하게 되었다. 우리도 눈앞의 상황만 바라보노라면 믿음이 무너질 수 있다.

인간은 자기 스스로 뭔가를 대단히 해낼 것 같아도 결국 자신이 할 수 있는 것이 아무것도 없음을 깨닫게 된다. 그렇게 자기 한계를 절감하고 나서야 비로소 전능하신 하나님을 바라보며 그분께 도움을 구하게 된다. 예수님은 제자들의 고통의 현장에 한순간에 찾아오셔서 그 문제를 해결하실 수 있었지만, 제자들이 자신의 한계를 처절하게 깨달을 때까지 기다리셨다.

셋째, **예수님은 찾아오셨다.** 시련의 바람 속에서 고통 중에 있는 제자들을 홀로 버려 두지 않으시고 찾아오셨다. 예수님은 바다 위를 걸으시고 바람을 잔잔케 하시는 전능하신 하나님이셨다. 두려움 속에 머물러 있던 제자들에게 "내니 두려워하지 말라"(막 6:50)라고 단호하게 말씀하시면서 바람을 잔잔케 하셨다.

바람 때문에 마음이 무뎌진 제자들은 그들 곁에 오신 예수님을 바로 알아보지 못하고 유령으로 오인했다. 상황으로 인해 마음이 무뎌지면 예수님의 임재가 믿어지지 않게 된다. 주님이 과거 자신의 삶 속에서 역사하셨던 것들을 모조리 망각하게 된다. 그리고 무너진 그 마음속에 두려움이 찾아오고, 그 두려움은 우리의 마음을 지배한다.

예수님은 두려움에 자신의 마음을 내어주는 제자들을 향하여 단호하게 "두려워하지 말라"라고 명령하셨다. 마가복음 6장 50절 말씀에서 '내니'라는 표현은 예수님이 자신은 하나님이심을 선포하신 사건이었다. 그 말씀은 바로, '내가 너희 곁에서 함께하고 있는데 왜 공포에 휩싸여 있느냐? 내가 모든 문제를 해결할 수 있는데 너희의 믿음은 지금 어디 있느냐?'라는 음성이다.

2천 년 전이나 오늘이나 우리는 살아가면서 끊임없이 삶의 역풍을 만난다. 이때 풍랑의 상황만 바라보면 마음과 믿음이 화석처럼 굳어진다. 두려움과 불안함에 빠져 하나님이 계시지 않는 것처럼 말하고 행동하게 된다. 그런 우리에게 주님은 두려워하지 말라고 명령하신다. "너의 믿음이 어디 있느냐? 너는 혼자가 아니란다. 네 곁에 내가 있단다. 내가 다 보고 있고, 다 알고 있다. 두려워하지 말아라"라고 위로하고 격려하신다.

성경은 우리의 삶 속에서 역사하시는 예수님을 기억하라고 말씀하고 있다. 예수님을 생각하며 지난날을 돌아보면 주님은 언제나 우리의 기도에 응답하셨고, 어려운 상황마다 극적으로 우리를 건져 주셨다. 인간의 생사화복을 주관하시는 하나님은 어제나 오늘이나 영원토록 변함없으신 분이다.

지금도 하나님은 우리를 택한 자녀로 삼아 주셨다. 예수님이 제자들의 배에 타시자마자 바람이 언제 그랬냐는 듯 잔잔해진 것처럼, 오늘 우리의 삶을 주님께 맡기면 모든 문제를 해결해 주신다. 삶의 현장에서 주님이 함께하시기에 때가 되면 우리가 처한 현실의 풍랑도 잔잔해질 것이다. 풍랑을 크게 보지 말고 우리 주님을 더 크게 보면서 모든 두려움을 극복하고 믿음으로 힘 있게 전진하며 나아가라.

죄인을 결코 포기하지 않으시는 하나님

'유유상종'이라는 말이 있다. 사람들은 자신과 비슷한 처지와 환경에 있는 사람들과 어울리기를 좋아한다는 말이다. 반대로 우리는 격이 맞지 않거나 환경이 전혀 다른 사람들과 함께하는 것에 불편함을 느낄 수 있다.

대부분의 사람들은 보다 화려하고 높은 곳을 지향하고 그곳에 서기를 꿈꾼다. 조금이라도 낮아지거나 열악한 환경에 처하게 되면 불편함을 느끼는 것을 넘어 고통을 경험하게 된다. 자신의 위치에서 한 단계만 내려가도 견디지 못한다. 자신과 같은 위치에 있던 사람이 자신보다 한 계단 먼저 올라가도 무척 고통스러워한다.

이런 면에서 호세아서 3상의 내용은 가히 충격적이라고

볼 수 있다. 하나님이 한 시대의 선지자로 쓰시던 호세아에게 몸을 파는 음녀와 결혼하도록 명하셨기 때문이다. 거룩함을 지향해야 할 선지자더러 몸 파는 여인을 데려다가 결혼하라니, 얼마나 당혹스러운 명령인가. 거룩하신 하나님을 대변하고 거룩한 말씀을 대언해야 하는 선지자가 죄와 더불어 짝하며 살고 있는 음란한 여인과 결혼한다는 것은 그때나 지금이나 도무지 말이 안 되는 상황이라고 볼 수 있다. 하나님은 왜 호세아에게 이런 명령을 하신 것일까.

호세아와 음녀의 결혼

호세아는 북이스라엘 왕 여로보암 2세(B.C. 786-746) 때 활동한 선지자였다. 이 시기 북이스라엘에서는 우상숭배가 가장 성행하고 불법이 난무했다. 하나님은 선지자 호세아를 통해 "하나님께 돌아오라"라고 끊임없이 외쳤지만 그들은 더더욱 하나님을 등지고 세상 신을 쫓으며 우상숭배를 일삼았다.

그런 상황에서 하나님은 호세아 선지자에게 행실이 매우 좋지 못하고 음탕했던 고멜이라는 여인을 데려다가 가정을 이루라고 말씀하신다. 아무리 하나님의 명령이라도 이건 받아들이기가 쉽지 않다. 과연 호세아는 이 명령을 따랐을까?

그는 하나님의 명령대로 음행하는 그 여인을 데리고 와서 결혼한다. 그것도 모자라 2남 1녀를 낳아 가정을 이룬다. 하나님은 자녀들의 이름까지 모두 지어 주셨다. 그 이름에는 이스라엘을 향한 하나님의 메시지가 담겨 있었다. 그러면 도대체, 호세아와 고멜의 결혼을 통해서 하나님이 우리에게 들려주고자 하신 메시지는 무엇일까?

첫째, 하나님의 신실함이다. 호세아의 순종을 통해 말도 안 될 뿐만 아니라 감정이 따라 주지 않는 비상식적 상황일지라도 하나님이 말씀하시면 반드시 따르는 것이 '신실함'임을 알게 한다. 그러나 신실함을 위해서는 큰 대가를 치러야 할 수도 있다. 하나님의 뜻이라면 기꺼이 손해를 감수해야 할 때도 있고, 마음에 선뜻 내키지 않아도 눈물을 머금고 내게 맡겨진 일을 감당해야 하는 때도 있는 것이다.

둘째, 하나님의 간절함이다. 하나님은 호세아의 삶과 결혼, 그리고 자녀들의 이름을 통해 하나님의 메시지가 전달되기를 원하셨다. 당시 이스라엘 백성의 마음은 완악하고 강퍅하였기에 선지자를 통해 하나님의 메시지가 선포돼도 전혀 귀를 기울이지 않았다. 그렇기에 하나님은 호세아가 음란한 여인 고멜과 결혼하도록 하고, 그 사이에서 태어난 자녀들의 이름을 지어 주심으로 타락한 이스라엘 백성에게 메시지를 전하고자 하신 것이다. 택한 백성들을 어떻게든 깨닫게 하시려는 하나님의 간절함을 엿볼 수 있는 대목이다. 하나님은 우리가 생각하지 못한 방법이나 다양한 상황과 사람들을 통해 말씀하심으로써 택한 백성들에게 당신의 메시지를 전달하시고, 그를 통해 우리가 돌이키기를 소원하신다.

셋째, 광대하신 하나님의 진정한 사랑이다. 선지자 호세아와 음녀 고멜의 결혼은 전혀 격이 맞지 않는 사람들의 결합이었다. 하나님은 격이 전혀 맞을 수 없는 두 사람의 결합을 통해 하나님과 이스라엘의 관계를 말씀하신다. 이스라엘을 향한 하나님의 사랑이 얼마나 크고 깊고 넓은지 깨닫기를 원하시는 것이다. 신랑 호세아는 죄인을 구원하러 이 땅에 오신 하나님의 아들이자 영원한 신랑 되신 예수 그리스도를 의미하며, 음녀 고멜은 끊임없이 집을 떠나 죄악을 따라 살아가는 이스라엘 백성과 우리의 모습을 표상하고 있다.

넷째, 포기하지 않으시는 하나님의 마음이다. 고멜은 큰 사랑의 수혜자임에도 끊임없이 집을 떠나 옛 생활로 돌아가려 했다. 그런 고멜을 포기하지 말고 다시 찾아서 값을 지불하고 집으로 데려오도록 호세아에게 명령하신 분은 바로 하나님이셨다.

죄악 가운데 살아가던 이스라엘 백성과 죄인으로 살아가는 모든 인생이 마치 고멜과 같다. 하나님의 사랑을 등지고 끊임없이 옛 생활로 돌아가려 한다. 호세아에게 행실이 못된 여인을 포기하지 않도록 하신 것은, 고멜과 같은 우리를 끝까지 포기하지 않으시는 하나님의 마음을 나타내기 위한 것이다. 호세아가 실제로 고멜을 다시 데려오기 위해 값을 지불한 것처럼, 하나님은 죄인 된 인생들을 위해 하나님의 아들을 희생시키며 값을 지불하셨다. 그래서 죄인으로 살아가던 모든 인생은 거룩하신 하나님 아버지의 품으로 언제든지 나아올 수 있게 되었다.

하나님은 죄인 된 인생들을 결코 포기하지 않으신다. 그런데도 인간은 하나님의 사랑을 망각할 때가 많다.

죄책감이 나를 지배해도

사람은 누구나 죄를 지으면 죄책감 때문에 하나님 앞으로 담대히 나아오는 것을 회피하거나 주저하게 된다. 아담과 하와가 자신들을 부르는 하나님의 음성을 들었지만 동산 나무 뒤에 숨은 것처럼 위축감과 두려움을 느끼기 때문이다.

전임 목회지에는 엘리베이터가 붐빌 때 예배당으로 곧바로 올라가는 작은 계단이 있었다. 어느 주일에 계단을 올라가다가 우연히 창밖의 주차장을 내려다보는데 교회에 들어오던 어떤 부부가 서로 다투는 것이 보였다. 큰 소리로 다투더니 남편은 차를 타고 집으로 그냥 가버리고 부인만 교회로 들어오는 게 아닌가. 부부 싸움을 하더라도 예배는 하나님 앞에 드려야 하는데, 이처럼 죄는 하나님과 멀어지게 하는 경향성을 갖고 있다. 나는 청년 집회를 인도하다가 "여러분이 술에 만취하더라도 그 모습 그대로 교회에 나와야 합니다"라고 말하곤 한다. 죄책감 때문에 하나님께 나아오는 것을 주저해서는 안 된다.

어린 자녀를 키우다 보면 깨끗한 옷을 입혀도 흙구덩이에서 뒹굴고 물웅덩이에서 첨벙첨벙 발을 구르다가 금세 옷을 더럽히는 일이 비일비재하다. 그때 부모는 옷을 더럽혔다고 해서 자녀를 내쫓지 않는다. 깨끗이 씻겨서 다시 새 옷을 입힌다. 하나님의 마음 또한 마찬가지다. 하나님은 하나뿐인 아들 예수님의 생명을 내어주고 구원하신 자녀들을 절대로 포기하실 수가 없는 것이다.

은총으로 나아오라

여호와께서 내게 이르시되 이스라엘 자손이 다른 신을 섬기고
건포도 과자를 즐길지라도 여호와가 그들을 사랑하나니 너는
또 가서 타인의 사랑을 받아 음녀가 된 그 여자를 사랑하라 하시
기로 내가 은 열다섯 개와 보리 한 호멜 반으로 나를 위하여 그
를 사고 그에게 이르기를 너는 많은 날 동안 나와 함께 지내고
음행하지 말며 다른 남자를 따르지 말라 나도 네게 그리하리라
하였노라 이스라엘 자손들이 많은 날 동안 왕도 없고 지도자도
없고 제사도 없고 주상도 없고 에봇도 없고 드라빔도 없이 지내
다가 그 후에 이스라엘 자손이 돌아와서 그들의 하나님 여호와
와 그들의 왕 다윗을 찾고 마지막 날에는 여호와를 경외하므로
여호와와 그의 은총으로 나아가리라 호 3:1-5

호세아는 죄책감으로 하나님을 피하려는 사람들을 향하
여 그분의 은총으로 나아오라고 권면하고 있다. 여기서 '그의
은총'은 하나님의 행복과 즐거움을 의미한다. 하나님은 고멜
의 행실처럼 하나님의 사랑을 등지고 자기 마음대로 살아가
던 이스라엘 백성이 언제나 하나님의 즐거움 안으로 나아오
도록 기다리신다. 더불어 하나님이 기뻐하시는 즐거움의 식

탁 앞에 앉을 수 있음을 그들에게 강조하고 있다.

> 우리가 아직 죄인 되었을 때에 그리스도께서 우리를 위하여 죽
> 으심으로 하나님께서 우리에 대한 자기의 사랑을 확증하셨느
> 니라 롬 5:8

호세아의 아내는 노예로 전락했다. 호세아는 자신의 아
내를 데려오기 위해 주인에게 몸값으로 은 열다섯 개와 보리
한 호멜 반을 지불했다(호 3:2). 이것은 당시 노예의 몸값과 같
은 액수다. 이것은 예수님이 대속의 죽음에 넘겨지기 위해 은
30에 제사장들에게 팔리는 것을 예표하고 있다.

아울러 호세아는 아내 고멜을 위하여 값비싼 대가를 지불
한 것이 자신을 위함이었다고 고백하고 있다. 이것은 행실이
좋지 않고 집을 나간 아내지만 다시 데려오기 위해 기쁨으로
기꺼이 대가를 지불한 것임을 표현하고 있다. 이것은 아내를
향한 그의 진정한 사랑 때문이었다.

호세아가 집 나간 아내를 다시 집으로 데려오기 위해 값
비싼 대가를 지불한 것처럼, 하나님도 우리 인생들을 너무나
사랑하셔서 당신 아들의 목숨을 십자가에 내어주셨다.

큰 사랑, 진정한 사랑

세상은 항상 자기중심적이며 타인을 위해 자신을 희생하지 않는다. 그래서 진정한 즐거움도 누리지 못한다. 그러나 잃어버린 영혼들이 하나님의 품으로 돌아올 때 하나님이 가장 기뻐하시는 것처럼, 우리가 주님의 사랑을 실천하면 가장 큰 기쁨과 은혜를 경험하게 된다. 물이 낮은 곳으로 흐르는 것처럼 은혜도 낮은 곳으로 흐른다. 우리 삶에 이 원리를 적용해야 한다. 자신을 낮추고 섬기는 일이 힘들게 느껴질 때가 있지만, 하나님이 큰 은혜를 주시기 때문에 결과적으로 섬김은 자신을 위한 것이다.

고멜의 대속을 위해 호세아는 모든 대가를 지불했다. 이제 고멜이 집으로 돌아오는 일에 있어서 그 어떤 제약도 없게 되었다. 집으로 돌아오기만 하면 되는 것이다. 이것을 한마디로 표현하면, '은총'이다. 나의 공로는 1퍼센트도 없이 거저 주어진 것이다. 하나님의 사랑은 이렇게 기적의 역사를 이루신다. 하나님의 사랑은 모든 사람에게 언제 어디서나 끊임없이 계속된다. 누구든지 하나님의 은총으로 즐거움과 담대함으로 나아와서 당당히 회복과 치유의 은혜를 누릴 수 있는 것이다. 독생자 예수님을 내어주고 나를 구원하신 은혜를 힘입어 하나님께로 담대히 나아가는 백성이 되기를 축복한다.

잃어버린 자를 찾으시는 하나님

예수님은 당신이 이 땅에 오신 목적을 '잃어버린 자들을 찾아 구원하기 위하여'라고 확실하게 천명하신다. 그렇다면 '잃어버린 자'란 누구일까. 예수님 당시 사람들은 타락하여 세상의 손가락질 받는 이들을 직접적으로 잃어버린 자라 일컬었다. 지금은 죄와 허물로 말미암아 하나님과 분리된 모든 인생을 의미한다.

'잃어버린 사람'은 누구인가

예수님 당시 사람들은 세리나 창녀 같은 이들을 공인된 죄인으로 여겼다. 그래서 바리새인들은 예수님이 삭개오와 같은 자들 집에 들어가 유숙하신 것을 이해하지 못했다. 그들은 죄인의 집에 들어간 예수님도 그들과 다를 바 없다고 생각했을 것이다.

당시 세리는 매국노로 낙인찍힌 존재였다. 로마로부터 할당된 세금을 상납하기만 하면 나머지 금액은 얼마든지 세리가 착복할 수 있는 분위기였기 때문이다. 그래서 사람들은 세리라 하면 손가락질하며 상종하지 않는 분위기였다. 그런데 예수님은 삭개오의 집에 들어가서 식사하실 뿐만 아니라 하룻밤 유숙하겠다고 말씀하셨다. 사람들은 수군거렸다. 더군다나 예수님은 죄인인 삭개오의 죄가 용서받았고 구원이 그의 집에 이르렀다고 선언하셨다. 삭개오가 아브라함의 자손이라고 말씀하셨을 때 사람들 눈에 예수님의 말과 행위는 도저히 묵과할 수 없는 신성모독 행위로 보였다.

그러나 예수님은 스스로를 인자(Son of Man)로 표현하셨다. 예수님은 자신이 이 땅에 오신 목적이 잃어버린 자를 찾아 구원함에 있음을 분명히 하셨다. 그렇기에 그 목적에 부합되게 삭개오를 만나셨으며, 그의 구원을 위해 사람들이 기피하는 그의 집에 들어가서 그와 더불어 식사하시고 그 집에서 머물기를 원하셨다.

그러나 예수님은 삭개오처럼 당시 죄인으로 취급받았던 세리만 구원하러 오신 것이 아니다. 하나님은 최초의 인간 아담을 창조하시고 '보시기에 심히 좋았더라'라고 감탄하셨다. 그리고 아담의 갈빗대로 하와를 만들어 최초의 가정을 이루시면서 이들이 땅 위에 충만하고 땅을 다스리고 번성하기를 계획하셨다. 또한 하나님은 그들과 친밀하게 교제하고 소통하기를 원하셨으며, 하나님을 온전히 의지하는 그들의 삶을 통해 하나님의 영광을 드러내기를 계획하셨다.

그러나 최초의 인간 아담과 하와는 마귀의 미혹을 받아 하나님을 의지하는 삶에서 떠나 자신의 힘과 의지와 능력과 지혜만을 의지하는 불신앙으로 살기를 선택했다. 그 결과 안타깝게도 인간의 삶에는 불행과 비극과 고통이 시작되었다. 인류 최초의 가정에서부터 살인 사건이 일어나게 되었고, 그 후로 고통과 비극의 삶은 인류의 역사에서 끊이지 않게 되었다. 제일 큰 비극은 그들의 죄와 불순종으로 인해 생명나무에 접근이 금지되고 죽음이 시작된 것이다. 그뿐만 아니라 에덴동산에서 쫓겨남으로써 말할 수 없는 비극과 불행의 연속으로 점철된 고통의 삶이 이어졌다. 결국에는 생명이신 하나님과의 분리로 인해 영원을 지옥에서 보낼 수밖에 없게 되었다.

성경은 이 땅에서의 인간의 삶을 '나그네 삶'(히 11:13)이라고 증언한다. 육신의 눈으로만 살아가는 사람들에게는 이 세상의 삶만 보일 수 있지만, 성경은 죽음 뒤에 영원한 삶이 기다리고 있음을 강조한다. 영원을 어디에서 보내느냐 하는 것은 너무나 중요한 문제다. 그리고 삶의 모든 불행과 비극은 빛과 생명 되시는 하나님을 떠난 결과다. 성경에서는 이처럼 자기 죄와 불순종과 불신앙으로 하나님을 떠나 살아가는 이들을 '잃어버린 사람들'이라고 지칭한다. 집을 나간 애완견이 있어도 주인이 찾아 나설 텐데, 하물며 창조주 하나님이 친히 지으신 길 잃어버린 양 같은 인간을 찾아 구원하기를 원치 않으실까?

네 가지 오해

삭개오는 물론, 예수님을 비난하고 손가락질하던 바리새인과 많은 사람들은 예수님에 관해 크게 네 가지를 오해했다.

첫째, 그들은 예수님이 진정으로 누구이신지를 몰랐다. 그들은 예수님을 대단한 랍비, 즉 종교적 선생 정도로 생각했다. 어떤 이들은 구약에 등장하는 선지자의 영(엘리야)이 예수님 속에 들어갔거나, 죽은 세례 요한이 부활한 것이라고 생각했다(마 16:14). 그들이 본 예수님이 하늘 보좌의 영광을 버리고 죄 없는 사람의 모습으로 이 땅에 오신 하나님의 아들이심을 알지 못했다.

둘째, 그들은 하나님의 아들 예수님이 이 땅에 오신 목적을 몰랐다. 그래서 그들은 자신들이 생각하기에 공인된 죄인인 세리 같은 인물들과 어울리는 예수님을 이해할 수가 없었다.

셋째, 그들은 자신들의 실존적 상태를 알지 못했다. 자신들은 '잃어버린 사람들'과는 상관이 없는 존재라고 생각했다. 실존적 자아의 죄성을 보지 못하는 사람은 '죄'라는 것에 대해 무감각하거나 타인을 정죄하는 데 빠르게 반응한다. 바리새인들은 자기 의를 바탕으로 타인을 끊임없이 정죄하고 비판하는 데 주저함이 없는 사람들이었다.

진정한 자아 성찰은 타인을 비판하는 태도로부터 돌이키게 하며, 자신의 연약함에 대해 민감하게 반응함으로써 하나님께로 나아가게 한다. 아날로그 시스템의 영화관에서 영사기로 스크린에 빛을 비추면 빛줄기를 따라 자욱한 먼지가 보이는 것처럼, 하나님의 은혜가 임하고 빛이 비치면 진정한 자기 발견과 성찰이 이루어진다. 그래서 남을 비판하던 바리새파 지도자였던 사도 바울도 예수님을 만나고 성령을 받음으로 변화되어 "죄인 중에 내가 괴수"(딤전 1:15)라고 고백했다. 은혜가 임한 사람은 타인을 나보다 낫게 여기는 마음을 갖게 된다(빌 2:3).

진정한 자기 성찰이 없고 예수님과의 인격적 만남이 없는 사람들은 죄인인 삭개오의 집에 들어가시는 예수님을 보고 수군거린다. 하나님과의 인격적인 만남이 없었던 바리새인들은 자신들도 하나님 앞에서 잃어버린 사람들임을 알지 못했다.

넷째, 하나님께로 돌아오는 회복이 얼마나 시급하고 중요한 문제인지를 알지 못했다. 하나님의 아들이 이 땅에 오신 것과 고난을 받으신 것은 하나님이 당신의 사랑을 확증해 보여 주신 것이다(롬 5:8).

하나님의 아들이신 예수님이 이 땅에 오신 것은 우리 인간들을 향한 하나님의 사랑이 그만큼 절절하다는 표현이면서 그만큼 구원이 시급하다는 표현이다. 인간의 삶에는 다양한 필요가 상존한다. 그렇지만 죄 문제가 해결됨으로써 하나님과의 관계가 회복되어 영원한 생명을 소유하는 것보다 더 시급한 것은 없다. 예수님이 관심을 가지고 행하신 일들이 너무 많지만, 예수님은 오직 죄인들(잃어버린 자들)의 회복과 구원에 최우선으로 관심을 두셨다.

'잃어버린'에 해당하는 헬라어 '아폴롤로스'는 '완전히 잃어버린 상태'를 의미한다. 그렇기에 하나님의 품을 떠나 자신의 힘과 노력과 의로 살아가는 사람들은 모든 것을 상실한 사람인 것이다.

이런 네 가지 오해와 착각들로 인해 사람들은 신앙을 부수적인 것으로 생각하게 되고, 오히려 눈에 보이는 현세적인 것들을 우선시하게 된다.

주님은 왜 삭개오를 만나 주셨나

삭개오만 잃어버린 영혼이 아니었다. 2천 년 전의 여리고 성에 수많은 잃어버린 영혼이 있었다. 하지만 왜 예수님은 삭개오를 먼저 만나셨을까.

예수님은 사람을 차별하지 않으시고, 외형적인 것과 사람들의 선입견에도 구애받지 않으신다. 하나님은 사람의 중심을 보시며, 당신을 갈망하는 사람에게 우선적으로 은혜를 베푸신다. 물론 하나님은 일반적으로 모든 이들에게 은총을 베푸시지만, 인격적이신 그분은 자신을 사모하고 원하는 이들에게 먼저 특별한 은총으로 임하신다.

하나님의 특별한 은총은 예수 그리스도와 성경의 계시를 통해 특정한 이들에게 부어진다. 이 은총은 자유의지로 그 은총을 향하여 마음의 문을 열게 될 때 온전히 임하게 되는 것이다.

예수님이 군중 속에서 특별히 뽕나무 위에 올라가 있는 삭개오를 발견하고 그를 만나 주신 것은 삭개오에게 먼저 임한 특별한 은총이다. 예수님이 삭개오를 다른 이들보다 더 사랑하셔서가 아니라 삭개오의 마음이 하나님의 특별한 은총인 예수님을 맞이할 준비가 되어 있었기 때문이다. 삭개오는 돈이나 권력을 통해서도 자신의 공허와 고독과 고통을 해결받을 수 없음을 빨리 깨닫고 예수님을 만나고자 뽕나무 위에 올라갔다. 그만큼 그에게는 예수님을 향한 사모함과 절박함이 있었다. 삭개오는 비록 사람들의 손가락질과 지탄받는 고립의 상황에 있었지만, 그것으로 인해 더더욱 예수님을 갈망했다. 그의 내면에는 예수님을 만나야 삶의 공허함이 채워지고 문제가 해결될 것이라는 갈급함이 있었을 것이다.

그것을 아시는 예수님은 그 어떤 사람보다도 먼저 삭개오를 만나기 원하셨다. 예수님은 삭개오의 그 마음을 아셨기에 모든 이에게 거절 당하던 삭개오를 가장 먼저 찾아가시고 품어 주셨다. 기록에 의하면, 삭개오는 예수님과의 만남 이후에 가이사랴의 큰 목회자(감독)가 되었다고 한다. 이처럼 은혜는 밑으로, 아래쪽으로 흐른다. 은혜는 채워지기를 갈망하는 비어 있는 곳, 공허한 곳으로 흐른다. 그리고 하나님의 은혜는 누구에게나, 그 어떤 이에게나 공평하게 흘러간다.

삭개오는 돈이면 삶의 모든 문제를 해결할 수 있다고 생각했을 것이다. 그래서 무리한 방법으로 다른 사람들에게 피해를 주면서까지 돈에 집착했다. 성경에서 삭개오에 대해 '세리장이요 또한 부자라'(눅 19:2)라고 설명할 만큼 그는 막대한 부를 축적했다. 그런데 돈이 자신의 삶의 문제를 해결하지 못했을 뿐만 아니라, 돈에 집착할수록 삶이 더욱 공허해진다는 것을 깨닫게 되었다.

그런 공허함 속에서 세월을 보내던 삭개오는 예수님이 여리고를 지난다는 소식을 듣게 되었을 것이고, 모든 체면을 내려놓고 예수님을 만나야겠다는 일념으로 나무 위에 올라갔을 것이다. 그때 삭개오의 모든 것을 아시는 예수님이 삭개오의 이름을 불러 주신 것이다.

삭개오의 마음은 꼭 마른 장작과 같은 상태였을 것이다. 그 메마른 마음에 주님의 은총의 불이 임하게 되고, 감격과 회심으로 인해 삭개오가 완전히 변화되는 역사가 일어났다.

삭개오가 서서 주께 여짜오되 주여 보시옵소서 내 소유의 절반을 가난한 자들에게 주겠사오며 만일 누구의 것을 속여 빼앗은 일이 있으면 네 갑절이나 갚겠나이다 눅 19:8

율법에 따르면, 부당한 이득을 취하거나 남에게 손해를 끼친 경우, 5분의 1을 덧붙여 상환하면 되었고(레 6:5, 민 5:7), 도둑질했을 때는 네 배로 갚아야 했다(출 22:1, 삼하 12:6). 예수님을 만나고 세계관이 완전히 변화된 삭개오는 자발적으로 자신의 소유를 나누어 주는 삶을 살게 되었다.

잃어버린 자의 집에 들어가라

예수님이 삭개오를 만나신 후에 말씀하신 잃어버린 자는 오늘날 과연 누구를 지칭하는 것인가. 우리 주변에서 발견할 수도 있겠지만, 누구보다도 먼저 나 자신이 잃어버린 자는 아닌지 스스로 돌아보아야 한다. 내가 진짜 예수 그리스도를 구원자로 믿고 있는지, 내가 하나님 앞에 죄인 중에 괴수임을 인정하고 있는지를 스스로 질문해 보아야 한다.

인자가 온 것은 잃어버린 자를 찾아 구원하려 함이니라 눅 19:10

선교학 이론에 따르면, 불신자는 교회 밖에만이 아니라 교회 안에도 있다고 했다. 즉 겉으로만 그리스도인이 교회 안에도 많다는 뜻이다. 예수님을 인격적으로 만난 사람들은 변화되기 마련이다. 그러나 삶의 변화 없이 종교적 분위기와 문화에만 머무르며 예배와 경건의 사모함과 감격이 사라진 사람도 많다. 모두 구원이 필요한 사람들이다. 자신이 주님의 은혜를 사모하며 거룩한 주일을 기다리고 있는지 스스로 점검해 보아야 한다.

진정한 구원은 예수 그리스도와의 만남을 통해서만 이루어진다(행 4:12, 요 14:6). 예수님이 삭개오에게 먼저 다가가 그를 만난 것처럼, 우리도 구원의 대상을 찾아 접촉해야 한다. 그래서 끊임없는 중보기도와 섬김과 희생을 통해 잃어버린 영혼들이 예수님을 인격적으로 만날 수 있도록 도와야 한다. 그러기 위해 섬김의 마음으로 낮은 자리에까지 내려가서 그들과 함께해야 한다.

교회는 구원받은 사람들이 모여 이룬 공동체이면서 그리스도의 몸이다(엡 1:23). 예수님이 이 땅에 오신 목적이 잃어버린 자를 찾아 구원하기 위함이셨던 것처럼, 그리스도의 몸 된 교회 공동체의 우선순위와 관심도 당연히 거기에 있어야 한다. 이를 위해서 우리는 잃어버린 자들을 먼저 찾아가야 한다. 그리스도의 몸 된 교회가 가야 할 방향은 예수님이 가신 그 길을 따라가는 것, 한 영혼을 구원하기 위해서라면 모든 사람이 손가락질하는 잃어버린 자의 집에 들어가는 것이다.

구원은 인생 최고의 선물이자 축복

구원은 세상 어떤 것과도 바꿀 수 없을 정도로 최고의 축복이다.

> 사람이 만일 온 천하를 얻고도 제 목숨을 잃으면 무엇이 유익하리요 사람이 무엇을 주고 제 목숨과 바꾸겠느냐 마 16:26

이 세상에서 최고의 부를 소유한들 영원을 지옥에서 보낸다면 무슨 의미가 있겠는가. 천하를 다 얻고도 영원한 생명을 소유하지 못하고 영원을 지옥 불구덩이 속에서 보낸다면 무슨 의미가 있겠는가. 영원한 생명을 얻기 위해서라면 어떤 대가라도 치러야 한다는 것이 예수님의 가르침이다.

영원한 생명과 천국을 소유한 우리가 세상의 부와 권세를 부러워하는 것은 맞지 않다. 나와 아내는 하나님이 주시는 감동에 따라 순종하며 헌금 생활을 하고 있는데, 담임 목회를 시작한 이후 줄곧 하나님의 인도하심에 따라 매년 교회에서 주시는 사례비 이상으로 하나님께 헌금을 드린다. 얼마 전에 다녀온 영국 부흥 선교 사역을 통해서도 많은 현지 목회자들에게 선교비를 섬기게 하셨다. 그래도 전혀 아깝지 않은 이유는 하나님 나라에 쌓인 상급에 대한 믿음이 있을 뿐만 아니라, 이미 우리에게 주신 영원한 생명의 은혜가 너무나도 크기 때문이다.

다윗은 은혜의 사람이기 때문에 영안이 열려서 장차 오실 메시아를 보았다. 그래서 무엇이 진짜 행복인지를 노래했다. 그는 천하가 자기 것이었지만 하나님의 은혜로 죄를 용서받은 것이 가장 큰 복이라고 고백했다(롬 4:6-8).

모든 문제의 회복과 삶의 변화는 하나님과의 만남에서 출발한다. 아브라함도 전쟁터에서 이기고 돌아오다가 모든 전리품을 하나님이 주신 것이라는 믿음의 고백으로 살렘 왕 멜기세덱을 만나 십일조를 드렸다. 아브라함은 자신이 축복받은 이유를 사람에게 돌리지 아니하고 온전히 하나님께만 영광 돌리기 위하여 나머지 전리품도 취하지 않았다.

예수님은 자기 몸을 찢으시고 새로운 길, 생명에 다다르는 길을 우리에게 열어 주셨다. 그러한 믿음을 소유하면서도 여전히 변화 없는 삶을 살아간다는 것은 어불성설이다. 영원한 생명을 경험하면 세상과 타협하지 않고 구별된 삶을 살아가는 가치관과 세계관을 가지게 된다.

교회의 존재 목적은 하나님께 예배를 드리기 위함도 있지만, 그에 못지않게 중요한 일이 잃어버린 자를 찾아 구원하는 것이다. 예수님이 하늘 보좌 영광을 버리시고 낮고 천한 이 땅에 찾아오신 것처럼 우리도 잃어버린 영혼을 찾아가고, 기꺼이 희생을 각오해야 한다.

약 100년 전 이 땅에 예수 믿는 사람이 거의 없던 시절, 영국의 명문 대학 출신 젊은이들이 선교사로 우리나라를 찾아왔다. 어떤 선교사는 대동강에 도착하자마자 피를 흘리며 순교하기도 했고, 어떤 선교사는 평생 한국에서 청춘을 바쳐 희생했다.

오늘날은 다음 세대가 선교의 대상인 시대가 되었다. 다음 세대 사역이 쉽지만은 않다. 하지만 나는 내가 섬기는 교회에서 매년 겨울과 여름에 열리는 다음 세대를 위한 성령 집회 때 어리고 젊은 친구들의 눈높이에 맞춰 같이 찬양하고 뛰며 함께 울고 웃으려고 한다. 예수님이 성육신하셔서 우리에게 찾아오신 것처럼 우리도 다음 세대 속으로 들어가야 한다.

영국 부흥 선교 사역을 통해서 느낀 것은 세계적으로 한국이 부상하고 주목받는 시대가 되었다는 것이다. 영국 교회 지도자들이 나를 만나 주고, 20세기 최고의 강해 설교자 마틴 로이드 존스 목사님이 목회했던 교회 강단에서 대담을 가지기도 하였다. 옥스퍼드대학교 학장님과 대화를 나눌 때 우리나라 영화 〈남한산성〉이 매우 재밌었다는 이야기도 들었다.

하나님이 잃어버린 자를 찾아 복음을 전하라고 우리나라

의 위상을 높여 주시고 한국에 대한 이미지를 좋게 바꿔 주셨다고 믿는다. 이러한 하나님의 은혜가 끊이지 않고 우리 모두, 그리고 한국 교회와 함께해 주시기를 기도한다. 하나님의 은혜를 입은 그리스도인이라면 마땅히 잃어버린 자를 찾아 구원하는 사명을 감당할 수 있을 것이다.

하나님 나라를 빼앗기지 말라

천국은 마치 밭에 감추인 보화와 같으니 사람이 이를 발견한 후 숨겨 두고 기뻐하며 돌아가서 자기의 소유를 다 팔아 그 밭을 사느니라 마 13:44

하나님 나라는 '밭에 감추인 보화'와 같다고 말씀하신 예수님의 말씀은 현대를 살아가는 우리에게 어떤 메시지를 주는가. 하나님 나라의 고귀한 가치는 한계를 지닌 인간의 지혜로는 도저히 이해할 수가 없기에 예수님은 일상적 삶 속의 비유를 통해 하나님 나라의 가치에 대해 가르쳐 주셨다.

그중에서도 하나님 나라가 '밭에 감추인 보화'와 같다는 간단한 표현에는 하나님 나라가 지향하는 가치와 정신, 그리고 원리가 담겨 있다. 구원받은 성도들은 이 땅에 발을 딛고 있지만, 하나님 나라를 향하는 삶이 최종 목적이며 그 나라를 내면과 삶 속에서 경험하고 구현하는 것이 삶의 최고 가치다. 왜냐하면 예수님이 천국, 즉 하나님의 나라는 우리 안에 있다고 말씀하셨기 때문이다.

또 여기 있다 저기 있다고도 못하리니 하나님의 나라는 너희 안에 있느니라 눅 17:21

하나님의 나라는 완벽한 하나님의 통치가 있는 곳이고, 참된 기쁨과 평화가 넘치는 곳이며, 온전한 치유와 쉼이 있는 곳이다. 또한 사랑과 행복과 만족이 넘치는 곳이다. 예수님은 '밭에 감추인 보화'의 비유를 통해 하나님 나라의 중요한 특징 다섯 가지를 우리에게 가르쳐 주고 있다.

특징 1: 하나님 나라의 가치를 모른 채 살아간다

고대 근동에서는 갑작스러운 전쟁이나 환난과 약탈에 대비해서 매우 부유한 사람들이 자신이 소유한 땅 어딘가에 각종 보물을 묻어 두곤 했다고 한다. 전쟁이 나면 그것을 가지고 피란을 갈 수 없었기 때문에 자기 소유의 땅 어딘가에 값

나가는 보물을 묻어 두었던 것이다. 전쟁이 끝나고 혹시라도 그 땅의 소유자가 돌아오지 못하면 감추어 둔 보화의 비밀을 아무도 모르게 되는 일도 있었을 것이다.

하루에 한 번씩 회전하는 지구의 자전 속도는 적도 부근을 기준으로 시속 1,667킬로미터(초속 463미터)에 달하며, 또한 지구의 공전 속도는 초속 29.8킬로미터로 음속의 8.7배나 될 정도로 엄청나게 빠르다. 태양의 공전 속도는 초속 220킬로미터로 음속의 647배이고, 이는 한국에서 뉴욕까지 50초 만에 갈 수 있는 빠르기다. 그러나 우리는 일상생활을 하며 지구가 자전하는 동시에 공전하는 속도를 느끼지 못하고 살아간다. 사람이 보고 듣고, 느낄 수 있는 감각의 범위를 벗어났기 때문이다.

하나님 나라도 이와 같다. 이 세상 그 어떤 가치와 비교할 수 없는 너무나 고귀한 영역임에도, 우리가 지구의 자전 속도와 공전 속도를 느끼지 못하는 것처럼 하나님 나라의 참된 가치를 느끼지 못한 채 살아가고 있다.

특징 2: 하나님 나라의 가치는 고귀하다

우리 부부는 지난 부흥 선교 사역 일정 중 영국의 옥스퍼드에서 귀한 사역을 감당하고 계시는 목사님 가정을 방문하여 참 좋은 교제의 시간을 가졌다. 한참 대화를 나누다가 마지막에 목사님의 다섯 자녀를 위해서 하나님이 주신 영감을 따라 축복 기도해 주었다. 그런데 그 목사님의 자녀들이 대를 이어서 목회자, 선교사와 같은 주의 종으로서 아름답게 사용되기를 구하는 기도가 나왔다. 사실 해외의 목회 환경은 몹시 열악해서 목회자들은 자녀들까지 그 길을 가기를 바라지 않는 경우가 많다. 그러나 그 목사님 부부가 고백하시기를, 평소에 자녀들을 하나님께 맡겨 드리며 해오던 그 기도 내용을 나의 입술을 통해 다시 확인해 주셔서 감사하다고 하셨다. 너무나 힘든 길인데 왜 자녀들도 그 길을 가게 하기를 주저하지 않으셨을까. 고귀한 하나님 나라의 가치를 맛본 사람은 기꺼이 그 길을 갈 수 있다는 것을 알기 때문이다.

내가 아는 성도님들 가운데 정말 사이좋게 살아가는 남편 집사님과 부인 권사님이 있었다. 이들은 교회에 오실 때도 꼭 손을 잡고 왔다. 그런데 어느 날 남편 집사님이 위중한 병에 걸려 시한부 선고를 받고 장기 입원을 하게 되었다. 문제는 두 분의 금실이 너무 좋다 보니 남편 집사님이 부인 권사님에게 매일 "여보, 같이 가자"라고 하는 것이었다. 한두 번도 아니고 매일 같이 가자고 하니 권사님이 힘들어하며 심방을 요청해서 병원에 찾아가서 예배를 드리고 기도해 드렸다. 그런데 그날 밤에 남편 집사님이 꿈을 꾸었는데, 누군가 한 집을 가리키며 "저곳이 네가 영원히 살 집이다"라고 환상을 보여 주었다는 것이다. 이 세상에서는 한 번도 본 적이 없는 너무 아름다운 천국의 집을 꿈속에서 목격한 남편 집사님은 아주 잠깐 보았지만 큰 은혜를 받고 다음 날부터 생각과 말을 완전히 바꾸었다. 전날까지만 해도 자기와 같이 가자고 아내를 붙들던 그 남편 집사님은 이제 세상에는 더 이상 미련이 없다면서 하나님 나라에 자신의 아름다운 집이 있다고 고백하였다. 그리고 부인 권사님에게는 "당신은 자녀들과 교회를 위해 기도를 많이 해야 하니까 사명을 잘 감당하고 장차 천국에서 만나세"라고 이야기하더라는 것이다. 그때부터 남편 집사님은 하나님 나라에 가실 때까지 천사처럼 빛나는 얼굴과 미소로 만나는 모든 사람에게 복음을 전하다가 부름을 받았다.

이처럼 하나님 나라의 은혜를 경험한 사람은 가치관과 삶의 우선순위가 바뀌게 되고, 삶의 태도가 완전히 변한다. 하나님 나라를 맛본 사람들에게 물질이나 명예는 하나님보다 앞설 수 없다. 그래서 많은 선교사님이 만약 다시 태어나도 자신은 순종하며 오지의 선교사로 가겠노라고 망설이지 않고 고백하는 것이다. 이 세상의 어떤 것과도 비교할 수 없는 가장 고귀한 가치를 가진 것이 바로 하나님 나라다.

특징 3: 영의 눈이 열려야 볼 수 있다

밭에 감추인 보화는 밭 어딘가에 확실히 존재한다. 그러나 그것은 숨겨져 있다. 일반 사람들은 볼 수 없는 영역에 있다. 우리 육신의 눈으로는 그 실제를 볼 수도 경험할 수도 없다. 아브라함의 조카 롯처럼 육신의 눈으로는 이 세상의 화려함이나 감각적인 것이 하나님 나라라고 착각할 수 있다.

> 이에 롯이 눈을 들어 요단 지역을 바라본즉 소알까지 온 땅에 물이 넉넉하니 여호와께서 소돔과 고모라를 멸하시기 전이었으므로 여호와의 동산 같고 애굽 땅과 같았더라 창 13:10

세상의 화려함과 쾌락을 추구하던 롯은 죄악이 가득하여 하나님의 심판을 앞둔 소돔과 고모라를 바라보며 여호와의 동산 같다고 착각했던 것이다. 결국 롯의 아내도 세상에 미련을 버리지 못하고 물질이 남겨진 소돔 땅을 돌아보다가 소금 기둥이 되어 버렸다. 이 소금 기둥은 롯의 가족이 영적으로 무감각했던 상태를 나타내고 있다. 만약 하나님의 나라보다 세상의 소유와 포지션이 더 귀하게 보이고 부러워 보인다면 롯의 눈을 가진 것이다. 믿음의 눈, 영의 눈이 열려야 하나님 나라를 볼 수 있으며 그 가치를 깨닫게 된다.

특징 4: 하나님 나라는 내 삶에 실재한다

하나님의 나라는 밭에 감추어진 보화처럼, 누군가의 눈에 보이지 않을지라도 인생의 밭 어딘가에 감추어져 있다. 많은 사람이 자기 인생의 밭에는 보화가 없을 것이라고 생각한다. 그래서 남의 인생이 더 귀하고 크게 보이기도 하여 박탈감 속에 살아간다.

성경은 인생 최고의 가치인 하나님 나라가 인생의 밭 어딘가에 묻혀 있다고 말씀하고 있다. 이것을 발견하고 소유한 사람도 있고 그러지 못한 사람도 있다. 그리스도인은 내 인생의 밭 어딘가에 숨겨진 보화가 있다는 확신으로 살아야 한다. 타인의 인생의 밭이 아닌, 내가 가는 인생의 밭 어딘가에 숨겨진 보화가 있음을 확신함으로써 소망을 가지고 살아가야 한다. 괜한 열등의식이나 박탈감에 사로잡혀 살지 말아야 한다. 하나님은 내 인생의 밭에도 보화를 숨겨 두셨기 때문이다. 하나님은 신실하시며 공평하신 분이다.

믿음을 가진 그리스도인은 하나님이 자신을 창조하셨고 존재의 출발이 하나님께로부터 비롯되었다는 확신을 가진 사람들이다. 그래서 그리스도인들은 내 인생의 밭 어딘가에 감추어진 보화를 언젠가 반드시 찾게 될 것이라고 믿는다. 실재하는 하나님 나라를 맛보고 소유한 사람들은 항상 기뻐하며 살아갈 수 있다. 타인이 소유한 밭이나 소유를 부러워하며 열등의식이나 박탈감에 사로잡히는 것이 아니라 나의 인생의 밭에도 보화를 숨겨 두신 신실하시고 공평하신 하나님을 신뢰하는 것이다.

그래서 하나님 나라를 맛보고 소유했던 사도 바울은 감옥 안에서도 오히려 밖에 있는 사람들을 위로하며 항상 기뻐하라고 권면할 수 있었다. 바울이 그렇게 말할 수 있었던 이유는 실재하는 하나님 나라를 맛보고 소유했기 때문이다.

특징 5: 보화는 땅 깊은 곳에 묻혀 있다

수많은 사람이 고용되어 보화가 숨겨진 밭을 가꾸고 갈았지만, 정작 그 보화를 발견치 못한 이유는 무엇일까. 왜 자신의 발밑에 있는 보화를 발견하지 못했을까. 인생의 밭을 얕게 갈았기 때문이다. 많은 경작자가 자신이 가는 밭은 자기 밭이 아니라고 생각하고 대충 시간만 보내며 밭을 갈았기 때문에 그 밭 속에 감추어진 보화를 발견할 수 없었다.

그렇다면 보화는 어디에 숨겨져 있을까. 바로 땅 깊은 곳이다. 얕은 곳에는 보화가 없다. 많은 사람이 인생을 얕게 살아간다. 그래서 무수한 세월의 흐름 속에서도 보화를 발견하지 못했던 것이다.

신앙생활도 기간이 길다고 좋은 것이 아니라 깊이가 있어야 한다. 아브라함의 아버지 데라는 205세까지 살았고 아브라함은 186세까지 살았다. 데라는 아브라함보다 오랜 세월을 살았지만, 성경에는 그가 우상을 숭배했다고 단 한 줄의 문장으로 그 인생을 설명하고 있다. 아브라함은 데라보다는 짧게 살았지만, '열국의 아비'와 '믿음의 조상'이라는 복된 삶을 살았다고 기록한다.

성실한 사람, 청지기의 자세로 살아가는 사람만이 깊은 곳에 감추어져 있는 그 보화를 발견할 수 있다.

하나님 나라를 소유하는 방법

밭에 감추어진 보화를 발견했어도 그것을 자신의 것으로 소유하기 위해서는 보화가 있는 그 밭을 자신의 것으로 소유해야만 한다. 아무리 밭 속의 보화를 발견해도 밭을 소유하지 못하면 보화를 발견하고도 자기 것으로 소유할 수가 없다.

그래서 밭에 감춰진 보화를 발견한 사람은 자신의 모든 소유를 팔아 밭 주인에게 가서 땅을 팔 것을 요구하고, 자신이 가진 밭의 가치를 모르는 주인은 얼른 밭을 팔아 버린다. 이처럼 하나님 나라를 발견하게 되면 대가를 지불하고 기쁨으로 그 나라를 소유한다.

그렇다면 하나님 나라를 소유하려면 어떻게 해야 할까.

첫째, 자신의 삶과 존재를 긍정화하고 소망 지수를 높여야 한다. 내 삶을 향한 하나님의 놀라운 계획을 확신함으로써 긍정적인 태도로 살아야 한다. 내 삶은 보화와 같음을 인식해야 한다. 우리 각자에게 주어진 인생이라는 밭에는 모두 보화가 묻혀 있다. 다른 사람의 인생에만 있는 게 아니다. 우리는 내 인생에 하나님이 심으신 보화가 있다는 긍정의 믿음으로 소망 지수를 높여야 한다. 내 인생의 영역에서 반드시 보화를 발견할 수 있다는 긍정적 생각을 가져야 타인을 바라보며 비교의식이나 열등감이나 박탈감에 빠지지 않을 수 있다.

둘째, 지금 보는 것과 생각하는 것이 전부가 아님을 인정해야 한다. 언제나 자신의 생각과 가치관이 틀릴 수 있음을 인정할 수 있는 열린 사고와 유연한 태도를 지녀야 한다. 지금 내가 보는 상황이 전부가 아님을 알아야 한다. 살아가면서 내 생각이나 의견이 받아들여지지 않는 것에 힘들어할 필요가 없다. 하나의 의견이 안 받아들여진 것이지 내 자신이 부정당한 것이 아니기 때문이다. 또한 다수의 의견이 꼭 옳은 것이 아닐 수 있다.

숨겨진 내 삶의 보화가 언젠가는 드러나게 됨을 소망하고 확신해야 한다. 타인이 자신의 가치와 소중함을 다 이해하거나 인정하지 않을 수 있음을 인식해야 한다.

다윗의 아버지는 아들 다윗이 왕이 될 것을 몰랐고, 요셉에게는 열 명의 형이 있었지만 동생 요셉이 세계를 경영하는 지도자가 될 것을 아무도 몰랐다. 가족뿐만 아니라 나도 나를 잘 모를 수 있다. 사람은 온전하게 보지 못한다. 우리를 가장 잘 아시는 분은 하나님뿐이라는 사실을 인정해야 한다.

셋째, 진정한 삶의 만족은 눈에 보이는 것에 있지 않다. 삶의 최고의 가치와 대의, 삶의 참된 만족은 눈에 보이지 않는 곳에 있지만, 우리는 그 고귀한 가치를 지향해야 한다. 정신분석학자 프로이트는 그의 이론에서 사람의 복잡한 정신 구조를 원초아(Id), 자아(Ego), 초자아(Superego)의 세 가지로 설명했다. 우리는 원초적인 욕구나 현실적인 원리를 따라가는 삶이 아닌 초자아의 삶, 영적으로도 고귀한 가치와 이상을 지향하는 형이상학적인 삶을 추구해야 한다. 자아를 초월한 초자아의 삶을 살아가야 한다. 이 땅에서의 삶이 아닌 하나님 나라를 향해 살아가는 것이 그리스도인의 삶인 것이다.

넷째, 주어진 환경 안에서 감사하며 끈기 있게 집중하는 삶을 살아야 한다. 밭을 일구기 위해 수많은 사람이 고용되었는데도 밭에 감추어진 보화를 발견하지 못한 이유는, 앞서 말한 것처럼 대충 얕게 땅을 팠기 때문이다. 주어진 일에 최선을 다하기보다 대충 일하기 때문에 보화를 발견하지 못했던 것이다.

기업의 경영 원리 중에는 '선택과 집중의 원리'가 있다. 하나를 선택했으면 그 부문에 대해 깊이 들어가는 것이다. 사람들과의 관계에서도 깊이 있는 만남을 가져야 하고, 자신이 선택하고 몸담은 분야에도 깊이 있게 집중해야 한다. 나는 청년들에게도 자신이 맡은 일에 대해서 세계 1등을 하겠다는 각오로 최선을 다해 보라고 조언하곤 한다. 성경의 원리는 땀을 흘려서 일하는 것이다. 그렇기에 우리는 각자에게 주어진 환경 안에서 보화를 발견하고 그 보화를 기쁨으로 소유하게 될 때까지 끈기 있게 집중하며 살아가야 한다.

오늘날 세상은 조금이라도 쉽게 소득을 얻으려고 하지만, 성경은 땀을 흘려 먹고살라고 말씀하고 있다. 가정에서도 교회에서도 끈기 있게 집중하며 하나님 나라를 지향하는 삶이 되어야 한다.

다섯째, 하나님의 통치권 안으로 들어가서 살아야 한다. 하나님 나라는 하나님이 통치하시는 곳이다. 우리가 하나님 나라를 경험하려면 내 자아가 하나님의 통치권 안으로 들어가야 한다. 하나님의 통치는 자기희생과 포기, 섬김과 양보 그리고 인내라는 실재를 이루며 살아갈 수 있는 능력을 부여받는 것이다. 우리는 하나님 나라라는 최고의 가치를 위해 기꺼이 자기를 희생하며 섬기고 양보하고 인내하며 기다릴 줄 알아야 한다. 그런 삶의 실천을 통해 더욱 귀한 것을 얻게 되며, 삶의 실재가 있는 하나님의 통치권 안으로 들어가게 되는 것이다.

나와 아내는 서로 닮은 점이 많은데 그중 하나가 돈에 대한 욕심이 없다는 것이다. 그래서 우리 부부는 매년 교회에서 주시는 사례비보다 넘치도록 헌금을 올려 드렸다. 누군가 왜 그렇게까지 하느냐고 물어본다면 하나님 나라의 가치를 아니까 감사의 마음으로 드리는 것이라고 말할 것이다.

하나님 나라를 맛보고 소유한 사람은 아무것도 가지지 않아도 행복할 수 있고 당당할 수 있다. 하나님 나라가 우리 안에 있기 때문에 우리는 기죽지 않고 세상을 다 가진 사람처럼 살아갈 수 있는 것이다.

우리 인생은 하나님의 통치권 안에 있기 때문에 결코 하나님 나라를 빼앗기지 않아야 한다. 하나님 나라에서는 섬기는 자가 가장 높다고 했다. 낮은 자리에서 희생하고 하나님이 인생의 주인이심을 고백하며 하나님 나라를 소유하는 삶이 얼마나 고귀하고 가치 있는 것인가!

진짜는 생명이 넘칩니다

'그대로의 법칙'으로 돌아오는 축복

믿음으로 구원받은 하나님의 자녀들이 이 땅에서 어떻게 살아가야 하는지를 가르쳐 주는 성경이 있는데, 바로 갈라디아서 6장이다. 구원을 위한 절대 조건인 믿음을 강조하다 보면 삶의 생활적인 면에서는 소홀히 하거나 대수롭지 않게 여길 수 있다. 그래서 갈라디아서 6장은 믿음으로 구원을 받은 성도들이 마땅히 자신의 삶 속에서 주변 사람들에게 선하게 대하며 살아가야 함을 강조한다.

구원받은 사람의 마땅한 본분

구원받은 성도들이 간과하지 말아야 할 것은 바로 '삶'이다. 이 삶은 구원을 위한 조건이 될 수는 없지만, 구원받은 사람이라면 마땅히 삶이 변화되어야 한다. 예수님은 제자들과 그분을 따르는 사람들을 향하여 "너희는 세상의 빛이라", "너희는 세상의 소금이라"라고 말씀하시면서, 세상 한복판에서 빛과 소금의 역할을 감당해야 함을 강조하셨다.

> 너희는 세상의 소금이니 소금이 만일 그 맛을 잃으면 무엇으로 짜게 하리요 후에는 아무 쓸 데 없어 다만 밖에 버려져 사람에게 밟힐 뿐이니라 너희는 세상의 빛이라 산 위에 있는 동네가 숨겨지지 못할 것이요 사람이 등불을 켜서 말 아래에 두지 아니하고 등경 위에 두나니 이러므로 집 안 모든 사람에게 비치느니라 이같이 너희 빛이 사람 앞에 비치게 하여 그들로 너희 착한 행실을 보고 하늘에 계신 너희 아버지께 영광을 돌리게 하라 마 5:13-16

세상의 빛과 소금의 삶을 산다는 것은 마태복음 5장 16절에서 말씀하는 것처럼 능동적이고도 적극적으로 자신의 주변 사람들에게 착한 행실(삶)을 보여 주는 삶을 의미한다. 그리스도인의 삶이 어떠해야 하는지를 강조한 예수님의 가르침과 같은 맥락에서 사도 바울은 성도의 착하고 선한 삶을 내 가까운 주변에서부터 실천하며 살아 내야 함을 강조하고 있다(갈 6:10).

삶으로 행하지 않는 신앙은 빈껍데기다. 내 주변에 선을 행하는 삶이 구원받은 사람들의 마땅한 본분이라는 것이다. 또한 기회가 있을 때마다 선을 행하는 것은 삼위일체 하나님을 기쁘시게 하는 일이기도 하지만, 자신의 삶과 영원까지 열매를 거두는 일이 된다.

자신의 미래와 영원까지 풍성하고도 좋은 열매를 맺기 위해서는 삶이 뒷받침되어야 하는데, 성도들의 삶은 의외로 단순한 법칙 안에서 작동된다.

'법칙'이라는 것은 언제 어디서나 누구의 삶을 통해서도 동일한 결론이 나타나는 불변의 규칙을 의미한다. 한마디로 말하면 하나님의 말씀이 곧 법칙이며, 가장 정확한 공식이다. 하나님은 열매를 맺는 자연의 법칙을 통해서 우리가 미래에 열매 맺을 삶이 과거에 심은 것의 결과물임을 강조하고 있다. 오늘을 살아가는 우리 삶의 모습을 통해 미래의 어느 시점에 열매를 맺게 된다. 그래서 갈라디아서 6장은 "무엇으로 심든지 그대로 거두리라"라는 말씀으로 실천적인 삶을 강조하고 있다.

가르침을 받는 자는 말씀을 가르치는 자와 모든 좋은 것을 함께 하라 스스로 속이지 말라 하나님은 업신여김을 받지 아니하시나니 사람이 무엇으로 심든지 그대로 거두리라 자기의 육체를 위하여 심는 자는 육체로부터 썩어질 것을 거두고 성령을 위하여 심는 자는 성령으로부터 영생을 거두리라 우리가 선을 행하되 낙심하지 말지니 포기하지 아니하면 때가 이르매 거두리라 그러므로 우리는 기회 있는 대로 모든 이에게 착한 일을 하되 더욱 믿음의 가정들에게 할지니라 갈 6:6-10

하나님은 '심은 대로 거둔다'는 자연의 법칙을 통해, 그리고 자신이 살아가는 삶을 통해서 주변인들에게 선한 영향력을 더욱 많이 발휘하고 열매 맺기를 원하신다. 공평하신 하나님은 당신이 택한 백성들의 삶을 통해 놀라운 열매들을 준비하고 계신다. 그러므로 성도의 일상적 삶은 그들의 미래를 위한 축복의 씨앗을 심고 뿌리는 것이다. 그렇다면 무엇을 심고 뿌리는 것일까?

미래를 위해 말을 심고 뿌리라

하나님은 우리의 말이 당신의 귀에 들린 대로 우리에게 행하신다고 말씀하셨다.

그들에게 이르기를 여호와의 말씀에 내 삶을 두고 맹세하노라 우리가 말한 것을 다 들으시며, 들으신 내용 그대로 행하시겠다는 것이다. 이것은 엄청난 소망의 말씀이기도 하지만 한편으로는 두려운 말씀이기도 하다. 어떻게 보면 우리의 현재 모습은 우리가 내뱉은 말의 결과라고 할 수 있다. 미래의 우리 모습은 오늘 삶의 현장에서 말한 내용대로 하나님이 역사하시는 것이다. 인간의 생사화복과 국가의 흥망성쇠를 주관하시는 분이 하나님이라고 믿는다면 부정적인 말도 그들의 미래에 부정적인 열매를 맺을 것으로 볼 수 있다.

유다서를 보면 천사장 미가엘과 마귀가 모세의 시신을 두고 다투는 장면이 나온다(유 1:9). 하나님은 이스라엘의 최고 지도자였던 모세의 시신을 백성들이 신격화할 것을 우려하여 숨기도록 하셨는데, 마귀는 말도 안 되는 소리로 우격다짐을 한다. 그러나 미가엘은 마귀를 향해 차마 저주하거나 비방하는 말을 하지 못하고 그 결과를 하나님께 맡기고 있다(유 1:9). 이렇게 하나님께 통치를 받는 존재에게, 그리고 하나님 나라에서는 비방하는 말이 없다.

그런데 이어지는 10절을 보면 사람들은 무엇인지 알지도 못하고, 마귀의 세력에 사로잡혀 이성 없는 짐승같이 비방을 하고 있다. 우리가 때로 분란이 일어난 곳을 보면 이성적으로 도무지 이해할 수 없는 행동임에도 불구하고, 부모나 선생이나 목회자에게 부정적이고 비인간적인 행동을 하는 사람들이 있다. 성인임에도 불구하고 이성적으로 성숙하지 못하고 비방을 일삼는 까닭은 어두운 영에 사로잡혀 있기 때문이다.

말은 믿음의 표현이며 구원으로 이끄는 원동력이다. 우리는 믿음으로 예수 그리스도가 우리의 구세주이시고 하나님이 우리의 아버지가 되심을 시인해야 한다(롬 10:10). 믿음의 고백을 통해 우리의 구원에 관한 문제도 담보 받을 수 있다.

말은 또한 인격의 성숙함의 정도를 보여 준다. 말에 실수가 없고, 말이 성숙한 사람이 곧 온전한 사람이라고 성경은 말씀하고 있다(약 3:2). "말이 씨가 된다"라는 속담이 있듯이, 우리가 삶에서 끊임없이 말하는 그 내용이 씨앗이 되어서 미래에 언젠가 열매를 맺게 되는 것이다. 말하는 것은 자유이지만 언제나 말을 뱉은 사람에게 책임이 뒤따른다. 결국 말이 그 사람의 인격을 나타낸다고 볼 수 있다.

그러므로 말을 바로 하는 것이 중요하다. 나도 어느 날 가만히 돌아보니 내가 한 믿음의 말대로 되어 있다는 사실을 알게 되었다. 자녀에게 꾸중을 할 때도 "야, 이 빌어먹을 녀석아!" 같은 말 대신 "세계적으로 복 받을 녀석아!" 하면 아이들이 들어도 기분 나쁘지 않고, 하나님도 그 말을 들으신다.

앞으로 우리가 하나님께 쓰임 받을 일들은 더 많이 있을 것이다. 그러므로 우리는 입을 열 때마다 믿음의 말을 해야 하며, 부정적인 말이나 꼬인 말조차도 절대 하지 말아야 한다. 우리가 입으로 하는 말이 우리의 인생을 결정한다는 것을 알아야 한다.

반드시 응답되는 믿음의 기도

사가랴와 엘리사벳이라는 제사장 부부가 오랫동안 자녀를 두고 기도했는데 나이가 많이 들도록 응답이 없었다. 그러던 어느 날 하나님이 제사장 역할을 감당하고 있는 사가랴에게 천사를 보내어 '나이가 많은 사가랴의 아내 엘리사벳이 아들을 낳을 것이며, 그 아들 세례 요한은 많은 사람을 주 앞으로 인도하는 큰 그릇이 될 것임'을 알려주셨다(눅 1:13-17). 결국 세례 요한은 예수님께 '여자가 낳은 자 중에 제일 큰 자'라고 칭찬받는 인물이 되었다.

기도의 아버지라고 불리는 조지 뮬러는 공식적으로 5만 번이나 기도 응답을 받은 인물이다. 그는 살아생전에 친구 두 명의 회심을 위해 기도했는데 조지 뮬러가 세상을 떠나기까지 응답이 되지 않았다. 그런데 그가 죽고 나서 2주 안에 그의 두 친구도 회심하고 구원을 받았다.

우리는 '하나님이 왜 이렇게 내 기도를 안 들어주시지?'라고 생각할 때가 있지만, 문득 돌아보면 기도대로 응답받은 것을 발견하게 된다. 그러므로 믿음의 기도는 반드시 응답된다는 믿음이 있어야 한다(마 21:22).

뿌린 대로 거두게 되는 인생

모든 사람에게 착한 일을 하되 믿음의 가정에는 착한 일을 더욱 많이 하라고 하셨다(갈 6:10). 그러므로 교회 생활을 할 때 믿는 사람들에게 더 잘해야 한다. 교회 카페에서 일하는 청년들에게도 더 친절하게 격려하고, 아이들이든 동년배든 연세가 높은 분이든 더 예의를 갖춰서 대해야 한다.

우리는 가족처럼 매일 만나는 사람들의 소중함을 잊고 살 때가 많다. 그러나 언젠가는 가족들이 떠나고 혼자될 때가 있을 것이다. 자녀들과 배우자를 더 귀하게 대해야 한다.

하루는 내 아내가 택시를 타고 가며 나와 통화를 하던 중이었다고 한다. "여보, 어디예요? 식사하셨어요? 그럼 저녁에 같이 식사해요. 나 지금 가고 있어요"라고 말하고 통화를 마쳤는데, 택시 기사님이 눈을 크게 뜨고 방금 누구와 통화를 했느냐고 묻더라는 것이다. 그래서 남편과 통화했다고 하니

평상시에도 그렇게 존댓말을 하느냐면서, 그 기사님의 아내는 평소 자신에게 말할 때에 존대는커녕 늘 핀잔하는 투로 말한다며 의아해하는 눈치였다고 한다.

배우자를 대할 때에도 부드럽게 말하는 지혜가 필요하다. 가까운 사람일수록 잘 섬겨야 하고, 교회에서도 믿음의 사람들이기에 서로 잘 섬기고 축복하고 부족한 것은 용서하고 덮어 주어야 한다.

아브라함도 지나가는 나그네 세 사람을 선대하여 나중에 큰 축복을 받는다.

그가 이르시되 내년 이맘때 내가 반드시 네게로 돌아오리니 네
아내 사라에게 아들이 있으리라 하시니 사라가 그 뒤 장막 문에
서 들었더라 창 18:10

아브라함은 나그네 세 사람에게 물로 목을 축이고 쉬었다 가라고 강권하여 집에 들이고, 부인인 사라한테 송아지를 잡으라고 했다. 사라는 남편이 말한 대로 송아지를 잡아서 나그네를 후하게 대접했다. 그 후 아브라함 부부는 늦은 나이임에도 불구하고 아들 이삭을 얻게 된다. 나중에 아브라함은 집에서 군인 318명을 거느리고, 블레셋 왕 아비멜렉이 찾아와

서 화친을 요청할 정도로 하나님 앞에서 복을 받는다(창 21:22-34). 영향력과 리더십이 있고, 물권의 복이 있고, 자손들이 많아지는 복도 받게 된다. 이처럼 아브라함이 받은 복의 이면에는 이웃을 향한 섬김과 선대함이 있었다. 그래서 히브리서에서는 아브라함의 일생을 딱 한 구절로 표현하고 있다.

> 손님 대접하기를 잊지 말라 이로써 부지중에 천사들을 대접한 이들이 있었느니라 히 13:2

우리는 이웃을 선대하고, 특히 주님의 일을 감당하는 분들을 잘 섬기고 격려하며 축복해야 하지만, 사실 이런 일들이 쉽지는 않다. 그런데 가만히 나의 목회 여정을 돌아보면, 누군가에게 선대하며 축복한 것이 나에게 다시 복으로 돌아오고 있는 것을 깨닫게 된다. 내가 아는 목사님의 자녀들이 우리 교회에서 신앙생활을 하고 있고, 매년 내가 인도했던 청소년 집회에 참석했던 아이들이 수도권에서 대학생과 직장인이 되어 우리 교회에 출석하고 있다.

인생을 보면 다 우리가 심은 것을 거두게 된다는 사실을 깨닫는다. 지혜로운 사람은 나가는 것을 계산하지 않고, 들어올 것을 계산한다. 그래서 세계적인 경영가나 리더들을 보면

지출에 연연하지 않고 엄청난 투자를 한다. 천문학적인 금액을 연구개발 비용으로 과감하게 투자하기도 한다. 그렇게 투자하는 이유는 들어올 것을 계산하기 때문이다. 30조를 투자하면 100조, 200조, 300조가 들어올 수 있기 때문이다. 개인의 삶이나 공동체의 활동에서도 지금 나가는 것만 생각하면서 인색하게 행동하지 말고, 들어올 것을 생각하면서 하나님이 약속하신 축복을 기억해야 한다.

임재와 축복으로 돌아오는 예배와 헌신

> 아버지께 참되게 예배하는 자들은 영과 진리로 예배할 때가 오나니 곧 이 때라 아버지께서는 자기에게 이렇게 예배하는 자들을 찾으시느니라 요 4:23

믿음의 예배에서는 반드시 하나님의 임재를 경험한다. 하나님 앞에 일천번제를 드렸던 솔로몬은 지혜를 받았다(왕상 3:4-5). 하나님 앞에서의 헌신은 임재와 축복으로 돌아온다. 아브라함은 번제를 통해서 미래의 자녀와 자신의 약속을 받았다(창 15:9-11).

아브라함은 모든 민족의 신앙의 아버지로서 구원받은 백

성을 대변한다. 아브라함은 번제 예배에서 산비둘기와 집비둘기 새끼부터 삼 년 된 암소와 암염소와 숫양에 이르기까지 다양한 예물을 올려드렸다. 그런데 여기에서 우리는 백성들이 처한 삶의 형편에 따라 예물의 종류를 고려하신 하나님의 세심하고도 깊은 배려심을 확인할 수 있다. 하나님의 아들이신 예수님을 잉태한 마리아도, 예수님을 함께 양육한 요셉도 부자가 아니었다. 그들은 가난하였기에 산비둘기 한 쌍이나 집비둘기 새끼 둘로 예물을 드리기를 원하셨다(눅 2:23-24).

우리가 회개해야 할 것은 한국 사회의 기독교 인구 비율이 약 18-20퍼센트인데 다음 세대, 즉 20대 이하의 기독교 인구 비율은 5퍼센트에 불과하다는 사실이다. 부모 세대가 자녀들에게 신앙을 잘 전수했다면 다음 세대 비율이 적어도 20퍼센트는 되어야 할 것이다. 하지만 한국 교회는 신앙의 계승에 실패했다.

아이들에게 헌금 생활부터 철저하게 가르치며 올바른 신앙인으로 키워야 한다. 하나님은 헌금의 분량을 보시지 않는다. 구약 시대 때 양이나 소나 비둘기를 예물로 드릴 수 있었던 것처럼 하나님께 예배할 때 드릴 예물을 형편에 따라 정성껏 준비하는 신앙을 심어 주는 것이 중요하다. 어릴 때부터 하나님께 드리는 믿음을 가정에서부터 가르쳐야 하고, 교회의 교육 현장에서도 가르쳐야 할 것이다.

성경은 십일조와 봉헌물에 대해서도 가르쳐 주고 있다. 말라기 시대에 온전한 십일조와 헌금 생활을 하지 않고 도둑질하여 저주가 임했을 때 하나님은 온전한 십일조를 요구하셨다.

> 사람이 어찌 하나님의 것을 도둑질하겠느냐 그러나 너희는 나의 것을 도둑질하고도 말하기를 우리가 어떻게 주의 것을 도둑질하였나이까 하는도다 이는 곧 십일조와 봉헌물이라 너희 곧 온 나라가 나의 것을 도둑질하였으므로 너희가 저주를 받았느니라 만군의 여호와가 이르노라 너희의 온전한 십일조를 창고에 들여 나의 집에 양식이 있게 하고 그것으로 나를 시험하여 내가 하늘 문을 열고 너희에게 복을 쌓을 곳이 없도록 붓지 아니하나 보라 말 3:8-10

학창 시절의 나는 학교에 갈 때 할머니께서 1천 원을 주시면 매번 옆집 문방구에 가서 100원짜리 열 개로 바꾸곤 했다. 곧바로 100원짜리 하나는 십일조로 구별하여 주머니에 따로 넣어 두었고, 100원짜리 동전 아홉 개 중에서 왕복 차비를 빼면 마지막 300원은 라면 값이었다. 학교 앞 분식집 아주머니가 집사님이었는데 내가 가면 신앙생활을 예쁘게 한다며 공 깃밥은 공짜로 주었던 기억이 있다.

신학대학원에 다니던 시절에 나는 6일을 굶은 적이 있다. 넉넉하지 않은 생활비를 가지고 매달 허리띠를 졸라매고 가 계부를 써가며 딱 맞춰서 살았는데 교회에서 교육전도사 사 례비가 일주일 늦게 나왔기 때문이다.

사실 그때 내 기숙사 책상 서랍 안에는 2만 5천 원이 있었 는데 그 돈은 바로 십일조였다. 기숙사 한 끼 식사가 600원이 었으니까 일주일을 너끈히 먹고 나중에 메꾸면 된다고 생각 할 수도 있었으나, 나는 하나님의 것에 손대지 않겠다는 생각 으로 6일을 굶었다. 그러나 지금 인생을 가만히 돌아보면 말 라기 3장의 말씀이 참되다고 생각하게 된다.

그렇다면 열매는 언제 맺게 되는 것일까. 바로 주님의 때 에 열매를 맺는다. 조급함은 낙심을 가져온다. 그러나 숙성의 기간이 길면 길수록 더 좋은 양질의 열매를 맺게 될 것이다.

너희 땅이 아름다워지므로 모든 이방인들이 너희를 복되다 하 리라 만군의 여호와의 말이니라 말 3:12

하나님은 "모든 이방인들이 너희를 복되다 하리라"라고

축복을 약속하셨다. 바로, 심는 대로 거두는 것이다. 말 그대로, 기도한 것 그대로, 헌신한 것 그대로, 예배함 그대로, 선대함 그대로 하나님이 축복하신다. 오늘도 '삶 속에서 믿음으로 심고 섬기며 살아가자'라고 결단할 때, 하나님이 '그대로의 법칙'을 통해 놀라운 간증이 있는 삶으로 인도해 주실 것이다.

열매로 풍성한 삶의 원리

사람은 누구나 자신의 삶을 통해서 풍성한 열매를 맺기 원한다. 그러나 어떤 이들은 그들의 바람과 달리 사막의 떨기나무처럼 열매 없는 삶을 산다. 열매 맺는 원리와 비결을 알지 못해서 허방 치는 것이다. 예수님이 자신을 따르는 제자들에게 직접 들려주신 말씀 중에 아래의 말씀은 제자들이 진정으로 많은 열매를 맺는 삶을 살게 하기 위한 귀한 길라잡이가 된다.

내가 진실로 진실로 너희에게 이르노니 한 알의 밀이 땅에 떨어져

죽지 아니하면 한 알 그대로 있고 죽으면 많은 열매를 맺느니라

자기의 생명을 사랑하는 자는 잃어버릴 것이요 이 세상에서 자기

의 생명을 미워하는 자는 영생하도록 보전하리라 요 12:24-25

그렇다면 열매 맺는 풍성한 삶의 원리는 무엇일까?

한 알의 밀알이면 충분하다

예수님은 많은 열매를 맺는 삶에 대하여 밀알의 크기나 모양과 양을 언급하지 않으시고 단지 '한 알의 밀'을 강조하셨다. 밀이 어디에서 수확되었는지도 말씀하지 않으셨다.

어떤 사람들은 삶 속에서 열매 맺지 못하는 것은 자신의 배경이나 사회적 지위 또는 소유의 양이나 크기와 외모에 문제가 있어서라고 생각한다. 그러나 이것은 매우 잘못된 생각이다. 예수님은 한 알의 밀이면 충분하다고 말씀하신다. 밀의 양이나 크기나 품종과 상관없이, 한 알의 밀처럼 보잘것없고 미천하고 미약하게 보일지라도 그 밀알이 많은 열매를 맺는다며 제한을 두지 않으신다.

예수님은 누가 봐도 여러모로 부족한 제자들을 부르셔서 세계를 복음화하기를 원하셨다. 다음은 고린도 교회를 향해 사도 바울이 기록한 말씀이지만 오늘날 우리 모두에게도 해당된다.

형제들아 너희를 부르심을 보라 육체를 따라 지혜로운 자가 많
지 아니하며 능한 자가 많지 아니하며 문벌 좋은 자가 많지 아니
하도다 그러나 하나님께서 세상의 미련한 것들을 택하사 지혜
있는 자들을 부끄럽게 하려 하시고 세상의 약한 것들을 택하사
강한 것들을 부끄럽게 하려 하시며 하나님께서 세상의 천한 것
들과 멸시 받는 것들과 없는 것들을 택하사 있는 것들을 폐하려
하시나니 이는 아무 육체도 하나님 앞에서 자랑하지 못하게 하
려 하심이라 너희는 하나님으로부터 나서 그리스도 예수 안에
있고 예수는 하나님으로부터 나와서 우리에게 지혜와 의로움
과 거룩함과 구원함이 되셨으니 고전 1:26-30

이 말씀을 보면 구원받은 고린도 교회 사람 중에는 세상
적으로 대단한 사람들이 많지 않다는 사실을 알 수 있다(27-
28절). 하나님은 미련한 사람들, 부족한 사람들, 약한 사람들,
멸시받는 사람들, 천한 사람들을 통해서 놀랍도록 역사하셨
다. 그래서 모든 사람이 육체적인 조건이나 외모, 사회적 배
경이나 위치, 물질적 소유 등을 자랑하지 못하도록 하셨다.
베드로를 비롯해서 예수님의 열두 제자 중 상당수가 배움
의 기회가 없었던 어부였다. 또 구약의 아모스 선지자와 다윗
은 양치기였다. 하나님 앞에 대단하게 쓰임 받았던 엘리사는

농부로서 소를 데리고 밭을 갈다가 하나님의 부름을 받았다. 나훔, 미가, 요엘 선지자는 부모로부터 물려받은 신앙의 배경이 없었고, 오바댜는 부모의 이름조차 언급되지 않는다. 에스더 왕비는 부모 없이 사촌 오빠 모르드개 밑에서 자랐다. 룻은 모압이라는 이방의 여인이었음에도 다윗의 증조모가 되었을 뿐만 아니라 만왕의 왕이요 모든 인류의 구세주가 되시는 예수 그리스도의 혈통적인 조상이 되었다.

열매 맺는 삶을 위해서는 우리 앞에 놓인 배경이나 상황에서 비롯되는 열등의식을 극복해야 한다. 이 열등의식은 우리를 위축시키며 자신감과 용기, 도전 정신과 삶의 에너지를 고갈시키는 원인이 된다. 이러한 열등의식은 교만함으로 자연스레 이어지게 되어 있다. 열등의식을 지닌 사람은 자신보다 부족한 사람들 앞에서는 교만한 행세를 하기 때문이다. 우리는 다만 나같이 부족하고 허물 많고 연약하고 내세울 것이 없어도 하나님이 역사하시면 열매를 맺을 수 있다고 믿으면 되는 것이다.

자신의 지위나 소유와 배경에 마음을 두지 말아야 한다. 수량적인 것이 우리를 풍성케 하는 절대 조건은 아니다. 높이가 열매 맺는 절대 기준이 아니다. 배경이 우리 삶의 선한 영향력이라는 열매의 절대 조건이 아니다. 하나님은 미천하고 연약한 자를 통해 높고 강한 자를 부끄럽게 하신다.

구원은 우리의 노력이나 행위가 아닌 하나님의 아들 예수 그리스도께서 십자가 위에서 다 이루신 구속의 공로로 인해 주어진 것이기에 전적인 하나님의 은혜다. 마찬가지로 풍성한 열매를 맺는 삶도 나의 배경이 아닌, 부족한 나를 통해 역사하시는 하나님의 은혜로만 가능하다는 사실을 기억할 필요가 있다.

땅에 떨어져야 열매를 맺는다

아무리 좋은 조건이나 배경이라도 자신의 것을 붙들고 놓지 않으면 아무 열매를 맺을 수 없다. 내 삶의 영역에 한 알의 밀을 떨어뜨려야 한다.

아프리카에서는 원숭이를 사냥할 때 나무 속에 작은 홈을 파고 그 안에 원숭이가 좋아하는 오렌지를 넣어 둔다고 한다. 그러면 원숭이가 냄새를 맡고 다가와 홈 안에 손을 넣어 오렌지를 잡고 있게 된다. 작은 홈과 비교해 오렌지는 너무 크기 때문이다. 하지만 원숭이는 사냥꾼이 올 때까지도 오렌지를 놓지 않은 채 쥐고 있어서 손쉽게 원숭이를 사냥할 수 있다고 한다. 이처럼 우리도 내 것, 내 시간, 내 물질, 내 재능, 내 열정을 움켜쥐고만 있어서는 안 된다.

오병이어 기적은 한 소년의 작은 도시락에서 시작됐다(마 14:14-21). 어린 소년이 도시락을 얼마나 먹고 싶었겠는가. 그러나 소년은 예수님의 말씀을 듣고 은혜받아 도시락을 예수님께 드렸다. 예수님은 도시락을 받으시고 양이 적다고 나무라지 않으시고 오히려 축복 기도를 하시고 떡과 생선을 무리에게 나누어 주셨다. 아이들과 여인들까지 합쳐 수만 명이 먹고 음식 열두 광주리가 남은 이 기적의 역사는 이성적인 인간의 지혜로는 잘 이해가 되지 않지만, 이것이 하나님의 법칙이다.

어떤 부부는 각자가 재산을 나누어서 관리한다고 한다. 그러나 이러한 방식은 건강하고 풍성한 결혼 생활을 방해한다. 부부는 자기 것을 내려놓고 서로 하나가 되어야 한다. 현숙한 여인은 곤고하고 힘든 자에게 손을 펴며 궁핍한 자를 위하여 손을 내미는 삶을 산다(잠 31:20). 내 삶의 영역이라는 땅에 생명의 씨앗을 떨어뜨리는 삶이 현명하고 지혜로운 삶이다. 그것이 열매 맺는 삶의 비결이다.

수고와 땀 흘림이 필요하다

흙 속으로 들어가는 과정은 땀과 집중된 에너지가 필요하다. 땀 흘리는 수고와 인내를 동반한 희생이 충족되어야만 흙 속에서 씨앗이 싹터 뿌리를 내린다. 땅에 대충 던져진 씨앗은 열매 맺지 못한다. 사탄에게 잡아먹히는 시험이 올 때 뿌리가 없으면 시들어 버리거나 마르고 꺾인다. 선택과 집중의 원리가 적용될 때 풍성한 열매를 맺게 되는 것이다.

많은 사람은 땅속에 씨앗을 심는 일을 시작했다가 힘들다고 이내 포기해 버린다. 그러나 기도도 멈추지 않고 계속할 때 주님의 때에 가장 좋은 모습으로 응답해 주신다. 바다의 보물이 깊은 해저에 가라앉아 있는 것처럼, 깊이 땅을 파 갈아엎고 그 위에 심어야 한다. 어떤 소중한 일이나 사역을 시작하였으면 집중하여 그 분야를 깊이 파는 땀 흘리는 시간이 있어야 한다.

과거 영국은 '해가 지지 않는 나라'라고 불렸다. 영국은 야만스럽게 먹고살던 바이킹족 일부와 게르만족이 영국 땅에 정착해 그곳에 동화되어 살면서 형성된 나라다. 그런데 그곳에 복음이 들어가자 영국인들의 눈이 열렸다. 복음을 받아들이자 사람이 바뀌었다. 도덕성이 회복되고, 지혜가 열리고, 전 세계의 영혼에 대한 긍휼의 마음을 갖게 되어 선교사를 파송하는 나라가 되었다.

얼마 전에 부흥 선교 사역 차 옥스퍼드대학과 케임브리지 대학을 방문해 보니, 160여 년 전에 영국에서 엘리트 코스를 밟은 젊은이들이 우리나라에 선교사로 파송되었음을 알게 되었다. 우리나라에 최초의 선교사로 온 토마스(Robert Jermain Thomas) 선교사는 비록 대동강변에서 일찍 순교하였지만, 그때 흘린 순교의 피가 있었기에 평양 땅에 부흥이 일어났고, 한국 교회 부흥의 단초가 되었다.

그런데 영국이 사명을 온전히 감당하지 못하게 되자 하나님의 촛대가 미국으로 옮겨졌다. 그리고 이제 나는 우리나라의 시대가 오고 있다고 확신하고 있다. 미국은 숫자적으로 보면 여전히 전 세계에 가장 많은 선교사를 보내는 나라이기는 하다. 그러나 인구 대비로 보면 현재 우리나라가 선교사를 제일 많이 보내는 나라가 되었다.

역사적으로 우리나라는 수없이 외세 침입을 받은 나라다. 그런 우리나라에 복음이 들어오고부터 하나님이 머리를 열어 주셨다. 지하자원도 나지 않는 우리나라는 하나님의 은혜로 머리가 열리자 IT 분야와 반도체 분야에서 세계를 주름잡게 되었다. 작은 나라이지만 세계에서 인구 대비 선교사를 가장 많이 파송하는 나라가 된 것은 그렇기에 가능했던 일이다. 선교를 위해서는 인력과 물질이 필요하다. 한국 교회가 세계 선교의 현장에 손을 펴니 하나님의 축복이 임하는 것이다. 그러므로 한국 교회도 죽을 각오로 선교의 사명을 감당해서 하나님의 촛대가 다른 곳으로 옮겨지지 않도록 해야 한다.

하나님 앞에 헌금해서 망한 사람 없고, 선교에 미친 교회 치고 부흥 안 되는 교회가 없다. 하나님의 법칙은 역설이다. 예수 그리스도는 십자가에서 죽고 장사되었지만 사흘 만에 부활하셨다. 하나의 밀이라도 땅에 떨어지면 역사가 일어난다. 땅속에 밀알을 심기 위해서는 땀을 흘리는 수고와 집중된 에너지가 필요하다.

내가 지방의 소도시에서 목회 사역을 처음 시작한 8년 동안은 신학대학원 동기들이 내가 어디에서 교역자 생활을 하는지 모를 정도였다. 나에게 주어진 목회지에 나를 던지며 어떤 모임에도 가지 않고 어린이, 청소년, 청년, 새가족을 위한 사역에만 집중하는 시간을 보냈다. 그런데 어느 날부터 많은 곳에서 강사로 초청을 받게 되어 수많은 곳에서 제법 큰 집회를 인도하는 사역을 하게 되었다.

나와 아내는 단기 선교팀과 함께 인도 선교를 다녀온 적이 있다. 덥고 음식도 입에 맞지 않아 선교 일정이 예상보다 고되고 힘들었다. 그런데 어떤 선교사님은 30년이 넘도록 청춘을 인도에서 보내셨다는 말을 듣고 얼마나 고생이 많으셨을까 생각했다. 사람들은 자신의 것을 내려놓는 것을 싫어하지만, 내려놓음 없이 어떻게 더 많은 열매를 거둘 수 있을까.

예수님도 죄인들을 구원하기 위해 하나님의 아들이라는 영광의 자리를 버리고 낮고 천한 이 땅까지 내려오셨다. 그랬기에 온 인류에게 구원의 길이 열리게 된 것이다.

열매를 맺는 것은 결코 쉽지 않은 일이다. 한 알의 밀알도 땅속에 심겨서 썩어야 거기서 싹이 나고 열매가 열리기 때문이다. 하나님의 일이 힘들어도 집중해서 전심으로 해야 한다. 그럴 때 부활의 능력이 우리에게 임하게 됨을 믿어야 한다.

썩어 없어져야만 움트는 생명

흙 속에 심겨진 씨앗에 감정이 있다고 한다면 고독, 추위, 깨어지는 아픔, 인내의 고통을 느끼지 않을까. 그러한 과정이 있고 나서야 흙 속에서 생명의 싹이 움트게 되고, 마침내 풍성한 열매를 맺게 된다.

약 3천 년 전에 매장된 이집트 피라미드 안에서 볍씨가 발견되었지만 열매를 맺지 못한 채 씨앗 그대로 있었다고 한다. 씨앗이 땅에 심기면 껍질이 벗겨지고 땅에 뿌리를 내릴 수 있지만 그러지 못했던 것이다. 우리도 교회에 와서 내 껍질과 내 생각의 틀을 그대로 고집하고 있으면 믿음도, 말씀도 우리 내면으로 들어오지 못한다.

내가 그리스도와 함께 십자가에 못 박혔나니 그런즉 이제는 내가 사는 것이 아니요 오직 내 안에 그리스도께서 사시는 것이라 이제 내가 육체 가운데 사는 것은 나를 사랑하사 나를 위하여 자기 자신을 버리신 하나님의 아들을 믿는 믿음 안에서 사는 것이라 갈 2:20

죽는다는 것은 육신의 자아의 욕심과 고집을 쫓지 않고 하나님이 원하시는 뜻을 우선순위에 두는 삶을 의미한다. 물에 자신을 맡겨야 수영도 할 수 있듯이 인생은 하나님의 뜻에 자신의 의지와 욕구를 맡길 때 풍성한 열매를 맺는 삶을 살게 된다.

그리스도인은 어떤 사람들인가. 예수님과 함께 십자가에 못 박힌 사람들이다. 예수님이 못 박히실 때 우리도 모두 못 박혔다. 예수님이 부활하실 때 우리도 모두 살아났다. 에스더가 "죽으면 죽으리이다" 하고 나아갔을 때, 자신도 살고 위기에 빠진 자기 민족도 살려 냈다. 죽으면 살게 되는 것이 공식이지만, 사람들은 자신은 죽으려 하지 않고 다른 사람들이 죽기를 원하고 있기에 문제가 해결되지 않는 것이다.

예수와 함께 죽고 산다는 것

나는 지금까지 목회를 해오며 참 많은 일을 경험했다. 억울한 일도 많았지만, 한 번도 상대방에게 따져 본 적이 없다. 이미 그리스도와 함께 죽었는데 시시비비를 가릴 필요가 없기 때문이다. 어떤 상황에도 '그런가 보다' 하는 마음과 태도로 살아간다.

예수님과 함께 죽고 산다는 것은 어떤 의미일까. 나를 위해 죽어 주신 예수 그리스도를 믿는 믿음 안에서 예수님이 나를 통해 살아가시도록 하는 것이다.

이삭은 대단한 능력이 있는 사람이 아니었음에도 그의 삶은 평탄하고 형통했다. 사실 이삭은 자신의 둘째 아들이 큰아들인 척 축복기도를 받는 것조차 분별하지 못했던 인물이기도 하다. 당시 이삭이 살고 있던 팔레스타인 지역의 광야에는 물이 없었기 때문에 우물을 하나 갖고 있다는 것은 그 지역에서 큰 부자로서 살고 있음을 뜻한다. 그런데 이삭이 백 배의 축복을 받아 땅을 파는 곳마다 우물이 터지자 사람들의 시기와 질투가 일어났다. 결국 이삭은 그들에게 우물을 내어주게 되었다. 두 번째 우물을 발견했을 때도 자신을 질투하는 이들에게 다시 아무 조건 없이 우물을 내어주었고, 세 번째 우물과 네 번째 우물을 판 뒤에도 시기하는 사람들의 요구대로 내어주었다.

우리의 시선에서는 자신의 것을 지키지 못하는 사람처럼 보인다. 그런데 이삭은 개의치 않고 다섯 번째 우물을 팠고 또 물이 터져 나왔다. 결국 다섯 번째 우물까지 파고 나니 질투하던 사람들이 더 이상 우물에 대한 소유권을 주장하지 않았다. 갈등 해결의 가장 좋은 방법은 그냥 내어주는 것이다.

믿음의 조상 아브라함도 조카 롯에게 소유하고 경영할 땅을 먼저 선택하라고 우선권을 내어주었다. 아브라함에게는 영적 자신감이 있었기 때문이다. 자신이 어디로 가든지 하나님이 반드시 책임지신다는 확실한 믿음이 있기에 조카에게 우선적 선택권을 내어준 것이다. 그 결과 조카 롯은 믿음 없이 살다가 가족과 터전까지 잃게 되었고, 아브라함은 열국의 아비가 되었으며, 인류의 구세주가 그 가문으로부터 나오는 영광을 누리게 되었다.

하나님이 우리의 아버지이심을 믿는 것이 믿음이다. 이 믿음으로 살아가는 삶 속에서 누리는 축복은 이 땅에서 누리는 복과는 완전히 다른 차원의 것이다. 이 땅에 발을 딛고 살아도 다른 차원의 삶을 살게 되는 것이다. 그러면 그때부터 우리의 삶에는 열매가 나타나게 된다. 그래서 가문의 누군가가 이런 믿음을 가지고 살면 그 가문이 바뀌게 되는 것이다.

이것이 하나님의 원리이자 법칙이다. 교회 가운데에도 믿음의 사람들이 일어나면 그 교회는 바뀌게 되어 있다.

자아가 죽으면 반드시 살아나는 것이 하나님의 법칙이다. 살고자 하면 죽지만, 죽고자 하면 산다. 우리도 에스더와 같이 나를 깨뜨리고, 희생하고, 손을 펴고 다 내려놓을 때 하나님이 더 많은 것을 우리에게 맡기시고 우리를 높여 주실 것이다. 이것은 세상 사람들이 알지 못하는 비밀이다. 예수님이 죽으심으로 온 인류를 살리신 것처럼, 우리도 자아가 깨어지고 예수님의 길을 따라가는 삶을 통해 많은 영혼을 살리는 풍성한 열매의 주인공들이 될 것이다.

성령의 사람은 살리고 열매 맺게 한다

하나님 나라에 대한 기록인 요한계시록은 신·구약 성경에서 가장 마지막 부분에 있다. 모든 인생의 궁극적인 종착역이자 최고의 가치는 바로 하나님 나라임을 의미하는 것이다. 이것은 한마디로, 하나님이 당신의 나라를 우리가 이해할 수 있는 언어로 기록하여 보여 주고 계시는 것이다. 하나님 나라는 생명수의 강이 흐르는 곳이며, 그 강물이 닿는 곳마다 풍성한 열매가 제한 없이 맺히는 곳이다.

생명수의 강을 흘려보내는 사람

또 그가 수정같이 맑은 생명수의 강을 내게 보이니 하나님과 및 어린양의 보좌로부터 나와서 길 가운데로 흐르더라 강 좌우에 생명나무가 있어 열두 가지 열매를 맺되 달마다 그 열매를 맺고 그 나무 잎사귀들은 만국을 치료하기 위하여 있더라 계 22:1-2

위의 말씀 1절에 나오는 '생명수의 강'은 '수정같이 맑은'이라는 표현으로 수식되어 있다. 이는 아주 맑고 순수한 상태로서 성령님은 결코 죄와는 타협하지 않으며 거룩함과 성결을 지향하며 역사하신다는 뜻이다.

또한 '생명수'는 성령님의 역동적이고도 온전한 역사를 의미한다.

명절 끝날 곧 큰 날에 예수께서 서서 외쳐 이르시되 누구든지 목마르거든 내게로 와서 마시라 나를 믿는 자는 성경에 이름과 같이 그 배에서 생수의 강이 흘러나오리라 하시니 이는 그를 믿는 자들이 받을 성령을 가리켜 말씀하신 것이라… 요 7:37-39

기독교 세계관이 두루 뿌리내린 나라들의 공통점은 '악'이라고 규정된 단체와는 절대 타협하지 않고 정면으로 맞선다는 것이다. 그 이유는 하나님의 영이신, 성령의 역사는 죄악이나 불의와 타협할 수 없기 때문이다. 세상은 죄악으로 물든 진흙탕과 같지만, 성령의 사람들은 세상을 향해 맑고 깨끗한 생명수를 흘려보내며 살아간다.

하나님은 사람의 배경도, 외모도 보지 않으신다. 성령님은 오로지 우리가 거룩한지, 죄와는 구별된 방향을 지향하며 살아가고 있는지를 보고 역사하신다. 다니엘, 다윗, 요셉을 보면 세상적으로는 아무것도 내세울 것이 없는 사람들이었지만 하나님은 그들의 중심을 보셨다. 다니엘은 우상의 제물로 자신을 더럽히지 않고 하나님만을 섬기기 위해 3년 동안 고기를 먹지 않기로 결단했다. 하나님은 그런 그의 중심을 보시고 지혜와 지식의 은사를 주셨고 삼라만상을 꿰뚫어 보는 혜안을 주셨다. 그뿐 아니라 다니엘은 성령의 도우심을 통해 사람들의 꿈을 해석하고 상대방의 비밀을 알아보는 은사를 받아 바벨론 대제국에 이어 페르시아의 총리로 재직하며 네 명의 왕을 섬기는 영광을 누렸다.

다윗도 8형제의 막내로서 부모에게 버림받은 자녀처럼 자랐다. 그럼에도 부모와 형제들도 알아보지 못했던 다윗 안의 진가를 하나님은 정확히 알아보셨다. 그래서 때가 되자 다윗을 이스라엘 통일왕국의 왕으로 세우셨다. 또 그 후손으로 인류의 구세주이며 만왕의 왕이신 예수님이 탄생할 수 있도록 다윗을 축복하셨다. 물론 다윗도 완벽한 사람은 아니었지만, 하나님은 당신 앞에 바로 서기 위해 늘 몸부림치는 다윗의 중심을 보셨다. 하나님은 그런 다윗을 향해 "너는 내 마음에 합한 사람이다"라고 말씀하셨다.

또한, '수정같이 맑은 생명수의 강'은 여러 물줄기가 모여들어 큰 강을 이루는 것처럼 함께 연대하고 협력하는 사역을 성령님이 기뻐하심을 의미한다. 하나님은 믿음의 사람들이 한마음으로 연대하여 짐을 서로 나누어서 지기를 원하신다. 성령의 사람은 독불장군이 아니다. 하나님도 삼위일체로서 세 위격이 완벽한 조화 속에서 함께하시는 것처럼, 우리도 사회나 교회나 가정에서 살아갈 때 서로 조화를 이루고 섬기며 내가 속한 공동체가 살아나고 회복하도록 해야 한다.

나는 교회 안에서나 밖에서나 함께 일하는 것을 굉장히 좋아한다. 어디를 가든지 나로 인해 공동체가 잘되고 하나님이 원하시는 더 큰 일을 오래 감당하도록 공동체를 살려 내려고 노력한다. 성령의 역사는 연대하며 서로의 짐을 나누어서 지고 자신이 속한 공동체를 살려 내는 것이다.

다니엘도 세 친구와 함께했고, 느헤미야도 기도하는 믿음의 친구들과 연대했기 때문에 불리한 상황에서도 왕의 총애를 받는 자리까지 오르고 나중에는 유대의 총독이 되어 자기 조상들의 고향 땅 예루살렘의 무너진 성벽을 재건하는 위대한 비전까지도 단 52일 만에 성취하게 된다.

우리도 내가 속한 공동체가 지금 하나님의 어떤 비전을 품고 있는지 관심을 가져야 한다. 또한 하나님의 비전을 성취하기 위해 한마음으로 연대하며 나아가고 있는지 살펴보아야 한다. '나는 우리 교회의 비전을 위해 무엇을 하고 있는가?', '내가 해야 할 것은 무엇인가?'를 스스로에게 질문하는 가운데 하나되어 하나님의 비전을 성취하기 위해 힘을 보태야 한다.

살아나게 하고 열매 맺게 하는 사람의 특징

생명수의 강물은 닿는 곳마다 다 열매가 맺히고 살아나게 한다. 성령님만이 살리시는 영이다. 성령님의 역사와 어두움의 역사의 분명한 차이는 살리느냐 죽이느냐이다. 성령님이 역사하시는 곳에는 그리스도의 생명이 심어져 죽은 영혼들과 공동체가 살아난다. 성령님은 사람이나 공동체를 살리는 방향으로 역사하시기 때문에 우리는 어떤 길이 성령님이 역사하시는 길인지를 분별할 수 있다.

성령의 사람은 공동체에 들어가 그곳을 살려 낸다. 무너진 가정과 가문도 살려 내고, 기업도 살려 낸다. 붕괴된 교회에도 성령의 사람이 들어가면 반드시 살려 내게 되어 있다.

인생은 성령님의 역사하심으로만 거듭나고 이로써 진정한 변화가 일어난다.

영의 생각은 생명과 평안이지만, 육의 생각은 사망이다(롬 8:5-6). 이 세상 사람들은 서로의 것을 빼앗고 속이며 다른 사람을 짓밟고 올라서려 한다. 그런 사람들은 지도자가 되면 안 된다. 다른 사람을 살려 내고 공동체를 살려 내는 사람이 리더로 세워져야 한다.

이렇게 생명수의 강이 흐르는 사람은 머물지 않고 계속해서 흐른다. 계속해서 흐른다는 것에는 몇 가지 의미가 있다.

첫째로, '역동성'을 의미한다. 하나님의 영이 역사하면 역동적으로 움직이게 된다. 생명이 있는 물고기가 끊임없이 움직이듯이, 생명수의 강이신 성령님이 역사하는 사람과 교회는 역동적으로 움직인다. 하나님의 비전을 위해 끊임없이 움직이고 도전하는 역사는 바로 성령님의 역동성에서 비롯된다. 하나님의 영이 충만하게 부어지면 더욱 역동적인 삶을 살아갈 수 있게 된다.

둘째로, 계속해서 흐른다는 것은 '갱신성'을 의미한다. 성령님은 시공간과 문화와 전통에 얽매이거나 고착화되지 않고 끊임없이 갱신하는 방향으로 역사하신다. 고인 물은 썩지만 흐르는 물은 계속 새로워진다.

사람마다 좋아하는 음식이 다르지만, 대부분 어린 시절에 좋아하던 음식을 어른이 되어서도 좋아하는 경우가 많다. 그 음식들을 어린 시절에 맛있게 먹었던 기억 때문이다. 내가 지금까지 좋아하는 찬양도 대부분 어릴 때 불렀던 찬양이다. 〈내일 일은 난 몰라요〉, 〈괴로울 때 주님의 얼굴 보라〉, 〈주 안에 있는 나에게〉와 같이 요즘 청소년들이 잘 모르는 옛날 찬양곡들을 좋아한다.

그러나 주님의 일을 위해서는 옛날 것만을 고집해서는 안 된다. 예전의 찬양곡도 다음 세대들이 선호하는 분위기나 리듬으로 바꾸거나 랩으로 부르기도 하면서 다음 세대의 눈높이로 다가갈 수 있어야 한다. 교회가 옛날 방식만 고집하면 다음 세대들을 다 잃게 된다. 고여 있는 물은 썩는다. 새로운 것을 수용하고 새롭게 변화하는 것을 두려워해서는 안 된다.

셋째로, 계속해서 흐른다는 것은 '진취성'을 의미한다. 진취성은 길을 만드는 것이다. 생명수의 강물은 앞에 장애물이 있다고 해서 흐르는 일을 멈추지 않는다. 물은 장애물을 만나도 계속해서 흐르며, 장애물을 피하기도 하고 넘어가기도 하며 길을 만든다.

넷째로, 계속해서 흐른다는 것은 '이타성'을 의미한다. 강물은 안으로 흐르지 않고 밖으로 흘러간다. 계속해서 흐르는 물은 사람들에게 유익을 준다. 그 물이 닿는 곳마다 열매를 맺고, 생명을 공급한다. 생명수의 강이신 성령님의 역사 또한 다른 사람을 살리고, 생명을 전하는 이타성을 가진다. 나눔과 섬김, 봉사와 같은 이타적인 행위는 교회가 가는 방향을 잡아 주기도 한다. 안에서 밖으로 물이 흐르듯이 우리도 항상 밖에 있는 세상을 향해 나아가 선교하고 구제하고 나누고 봉사해야 한다. 우리가 희생하지 않으면 세상은 바뀌지 않는다.

길 가운데로 흐르는 생명수의 강

길 가운데로 흐른다는 것은 무슨 의미일까?

첫째, 길 가운데로 흐른다는 것은 '균형성'을 의미한다. 하나님은 균형을 이루고 좌우로 치우치지 말라고 말씀하신다 (신 5:32-33). 하나님의 영 또한 조화를 이루며 통합하고 상대방을 배려하며 균형을 이루어 낸다. 교회 공동체 안에 정치적으로 보수와 진보의 성향이 모두 있지만, 교회는 이를 모두 품어야 한다. 상대가 내 생각과 달라도 품을 수 있어야 한다.

둘째, 길 가운데로 흐른다는 것은 '투명성'을 의미한다. 하나님의 영은 언제 어디서나 빛 가운데에서 역사하신다. 예수님도 광명한 데서, 집 위에서 전파하라고 말씀하셨다.

> 내가 너희에게 어두운 데서 이르는 것을 광명한 데서 말하며 너희가 귓속말로 듣는 것을 집 위에서 전파하라 마10:27

하나님의 역사는 누가 보더라도 밝고 투명하며, 성령님의 역사는 밝은 데서 행해진다. 사이비 종교와 이단은 몰래 은밀한 곳에서 성경 공부를 하자고 이야기한다. 그러나 목회자에게 비밀로 해야 한다고 말하는 일들은 성령의 일이 아니다. 어린아이들도 나쁜 짓을 할 때는 부모에게 비밀로 한다. 도둑이 대낮에 길 한복판에서 물건을 훔치지 않듯이 죄는 은밀하게 짓는 것이다. 우리는 빛의 자녀이며, 하나님의 영의 역사는 빛의 역사이기 때문에 언제나 당당하고 떳떳할 수 있어야 한다. 그래서 우리는 항상 투명함을 지향하며 살아야 한다.

셋째, 길 가운데로 흐른다는 것은 '겸손함' 혹은 '겸비함'을

의미한다. 생명수의 강은 높은 데에서 낮은 데로 흐른다. 성령의 역사는 낮은 자리에서 섬기는 사람들을 통해 일어난다. 가끔 정치인들이 교회에 방문할 때면 나는 늘 "답은 낮은 곳에 있다"라고 말한다. 나도 목회하는 동안 어려운 사람을 배려하는 목회를 하려고 노력한다. 예수님이 가신 길은 위에서 아래를 향하는 사랑, 즉 낮고 천하며 가난하고 병든 자들에 대한 긍휼과 사랑의 길이었다.

낮은 곳은 고독한 자리요 고통의 자리다. 낮은 곳은 비밀스러운 은혜의 자리다. 낮은 곳은 한편으로는 연단을 통해 견고해지고 강해지는 자리다. 그렇기에 우리는 자꾸 낮은 곳을 향해 내려가야 한다. 내가 어떤 위치에 있어도, 어떤 공동체에 속해 있어도 제자들의 발을 씻기시던 예수님처럼 낮은 자리로 내려가 모두를 섬길 수 있어야 한다.

목동이었던 다윗과 같이 사람들이 알아주지 않는 자리에서 관심과 주목을 받지 않아도 낮은 자리에서 묵묵히 섬기는 그곳에 성령님은 역사하시고 빛을 비추신다. 성령님은 낮은 자리에서 엎드리는 자에게, 또 그런 공동체에 은혜와 능력을 부어 그들을 사용하신다. 엎드려 기도하는 사람과 공동체를 통해 더 많은 영혼을 살리는 생명의 역사가 일어난다.

넷째, 길 가운데로 흐른다는 것은 '효율성'을 의미한다. 성령님은 수많은 영혼을 구원하시기 위해 시대마다 도시를 중심으로 복음 선교 사역을 펼치셨다. 바울 사도가 선교 사역을 펼칠 때에도 교통이 편리하여 많은 사람이 이동하는 도시의 길목에서 주로 사역하였다. 그래서 우리도 선교 사역을 펼칠 때 사람들이 많이 모이는 곳에 가는 것이고, 길거리 전도를 할 때에도 사람들의 이동이 많은 도심 광장 한복판이나 역 앞에 가서 하는 것이다.

모든 불가능을 뚫고 열매와 실과를 맺으라

하나님 나라의 열두 가지 열매가 의미하는 것은 구원받은 믿음의 백성 모두를 포함하고 있다. 오직 성령님이 역사하게 될 때 이스라엘의 열두 지파 모두가 열매를 맺게 되는 것처럼, 어떤 인생이라 할지라도 고난과 역경이 지나면 풍성한 열매를 맺게 되는 것이다.

'열두 가지 열매'는 모든 인생을 포함한다는 의미다. 열매가 열두 가지라는 것은 그 하나하나가 모두 개성과 특성이 있음을 말한다. 사람마다 각자의 개성이 있듯이 하나님은 각 사람을 향한 다른 계획이 있으시고, 그에 따라 모두가 다른 열매를 맺는다는 것이다.

요한계시록 2장 2절에 나오는 '달마다'는 시간과 환경의 제한성을 뛰어넘어 열매를 맺게 됨을 의미한다. 자연환경에서 자라나는 나무들을 보면 열매를 맺는 시기가 있고 휴지기가 있다. 하지만 성령님의 역사하심은 시간과 공간과 환경의 제한 없이 달마다 열매를 맺는다.

내가 섬기는 교회도 가장 어려운 시기였던 코로나 기간에 오히려 부흥하였다. 어른들의 말을 잘 듣지 않는 청소년들이 대규모 성령 집회에 참석해서 큰 은혜를 받고 변화되는 모습을 보여 주었다. 모두 사람의 힘이 아닌 하나님의 영이 역사하시면 일어나는 일이다. 성령님이 역사하시면 안 되는 일이 없다.

성령이 역사하시기만 하면, 어떤 환경과 여건의 불리함이 있더라도 누구든지 다시금 풍성한 열매를 맺을 수 있다. 성령님이 역사하시면 불가능한 일이 없다. 이처럼 언제나 성령님과 함께 우리 앞에 주어진 모든 불리한 환경을 돌파하며 풍성한 열매와 실과를 맺기를 바란다.

내게 주어진 최고의 시간, 지금

고린도후서 말씀은 사도 바울이 성령의 감동으로 고린도
교회에 두 번째로 보낸 믿음의 서신이다. 첫 번째 서신인 고
린도전서는 매우 준엄한 내용이었다. 왜냐하면 고린도교회
안에 도덕적 일탈과 우상 숭배와 분파주의가 만연하고 있었
기 때문이다. 사도 바울은 거룩한 분노를 품고 죄를 용납할
수 없는 엄중한 태도로 책망하고 꾸지람할 수밖에 없었다.

그런데 두 번째 편지에는 첫 번째 편지를 받고 두려움과
떨림 속에서 바울의 방문을 기다리고 있을 고린도교회 성도
들을 위로하고 다독이는 내용이 많이 담겨 있다. 책망하고 꾸
짖는 데 머물기보다는 그들을 하나님 앞에 바로 세우고 회복
시키려는 의도가 강하다고 할 수 있다.

무너졌던 신앙과 삶을 다시 세우기 위해, 그리고 믿음의 공동체 안에서 분열된 공동체성을 회복하기 위해 우리가 알아야 할 것은 무엇일까?

인생에서 가장 중요한 시간은 '지금'이다

> 이르시되 내가 은혜 베풀 때에 너에게 듣고 구원의 날에 너를 도왔다 하셨으니 보라 지금은 은혜 받을 만한 때요 보라 지금은 구원의 날이로다 고후 6:2

이미 지나간 과거에 얽매여 살아가는 사람이 있고, 불확실하고 허망한 미래만 이야기하며 살아가는 사람도 있다. 그런데 성경은 현재형인 '지금'이라는 시간을 강조하고 있다. 책망의 메시지를 받았던 고린도교회 성도들이 바로 지금 하나님의 은혜를 받고 회복해야 한다고 말씀한 것이다.

성경에 보면 오늘 결단해야 할 것들을 미루다가 실패로 끝난 인생도 있다. 아브라함의 아버지 데라는 '지체하다, 미루다'라는 자신의 이름 뜻대로 중요한 것을 미루다가 실패하는 인생을 살았다. 하나님의 부르심을 받고 갈대아 우르(메소포타미아)를 떠나 아들 아브라함과 함께 가나안 땅을 향해서

가다가 중간 지점인 하란이라는 땅에 머문다. 그렇게 지체하다가 신앙이 무너지고 우상을 섬기는 삶을 살다가 그곳에서 생을 마감했다(수 24:2).

하나님은 지금을 강조하신다. 지금이라는 시간의 연속이 인생을 이루며, 지금이 없는 내일은 없다. 즉, 지금의 시간이 내일과 영원까지를 결정한다.

성경에서 성공적인 인생을 살아간 인물들은 그들에게 주어진 지금 이 순간을 선용한 사람들이다. 이삭과의 만남을 위해 아브라함이 보낸 늙은 종이 우물가에서 리브가를 만났던 순간, 리브가가 섬김의 순종을 통해 받은 축복의 장면을 통해서도 알 수 있다(창 24:18-19).

리브가는 부모의 요청으로 우물가에 물을 길으러 갔다. 당시의 우물은 깊이가 50미터 정도였기 때문에 물을 한번 긷는 것도 고된 일이었을 것이다. 그런데 리브가는 아브라함의 노종이 물을 청할 때 기꺼이 물을 길어 대접했다. 그뿐만 아니라 노종이 요청하지도 않았는데 낙타에게까지 물을 길어 먹이며 낯선 나그네를 기쁨으로 섬겼다. 그래서 노종은 리브가가 하나님이 예비하신 여인임을 확신하였고, 리브가는 열국의 아비인 아브라함의 며느리가 될 수 있었다. 이렇듯 지혜로운 사람은 미래만을 꿈꾸지 않고 지금이라는 순간을 선용하고 자신에게 찾아온 기회를 잃어버리지 않는다.

값없이 주시는 은혜를 믿어야 한다

신앙적 열등의식과 피해의식은 하나님이 주신 생각이 아니다. 하나님은 언제나 현재형으로 두 팔 벌려 우리를 있는 모습 그대로 맞으시며 은혜를 베푸신다. 그리고 우리를 구원하신 것처럼 예수 그리스도 밖에 있는 영혼들을 구원하기를 기뻐하신다. 지금은 은혜받을 만한 때요, 구원의 날이다. '지금'이라는 시간을 놓쳐서는 안 된다. 바로 지금 은혜를 받아 회복할 수 있다. '나는 안 될 거야', '나는 해당 사항이 없을 거야', '내 기도가 응답이 되겠어?'라는 생각은 하나님이 주신 생각이 아니다.

신앙생활은 나의 공로로 의롭게 되는 것이 아니라 하나님의 은혜로 의롭게 된다는 사실을 믿어야 한다. 나를 구원하기 위해 이 땅에 오신 예수 그리스도께서 십자가 위에서 나의 모든 죄와 허물을 대신 감당하셨음을 믿고, 그 희생의 공로를 의지해야 한다. 우리가 하나님 앞에 설 수 있는 자격은 스스로의 노력으로 획득할 수 있는 것이 아니다.

자기 의와 공로를 의지하는 사람은 자기의 연약함을 발견할 때 하나님께 당당히 나아가지 못한다. 급기야 하나님의 사랑을 부정한다. 그러나 하나님의 자녀가 되게 해주시고 값없이 주시는 은혜로 말미암아 영원한 생명이 주어졌다는 믿음이 있으면 하나님께 나아가는 것을 주저하지 않는다. 그런 사람에게 하나님은 바로 지금 은혜를 부어 주시며, 구원의 역사를 이루신다고 성경은 말씀하고 있다. 하나님이 베푸신 은혜를 믿고 그것을 '의'로 삼을 수 있어야 한다.

은혜의 시간을 놓치지 말라

지금은 모든 인생을 받아들이기 위한 하나님의 특별한 은혜의 시간이다. 신앙생활을 하면서도 마치 아브라함의 아버지 데라처럼 지체하면서, 조금 더 형편이 안정되면 그때부터 잘 섬기고 봉사하겠다고 말하는 성도들이 있다. 분명한 것은 하나님이 우리를 받아 주시고 은혜를 베풀어 주신 것은 우리의 조건 때문이 아니라는 사실이다.

지금은 하나님의 은혜의 보좌 앞에서 담대히 기도할 특권과 기회가 주어진 시간이다. 하나님이 우리에게 오늘이라는 현재형의 시간 안에 나를 위해 예비하신 특별한 은혜의 시간이 있다는 것을 알아야 한다. 일반적으로 오늘을 살아가는 이 시기는 은혜의 시대다. 이 은혜의 시대를 지나서 예수님이 다시 오실 때는 회복될 기회도, 은혜받을 기회도 없다.

아브라함은 지금이라는 시간을 놓치지 않았다. 어느 날 동구 밖을 바라보다가 세 명의 나그네를 발견하고는 강권하여 자기 집으로 맞아들여 암송아지를 잡아 융숭하게 대접했다. 그런데 사실 세 사람은 하나님과 두 천사였다. 아브라함은 나그네를 대접하다가 부지중에 하나님과 천사를 대접하고 복을 받았다(히 13:2).

그리고 하나님은 아브라함에게 소돔과 고모라를 불로 심판하실 것을 알려 주셨고, 아브라함은 그곳에 사는 조카 롯의 가정을 위해서 중보했다. 아브라함은 항상 주어진 지금이라는 시간을 하나님의 시간으로 생각하며 기도했고, 지금 이 시간에 만나는 사람들을 소홀히 하지 않았다. 이처럼 지금 내가 만나는 교우들, 내 곁에 있는 가족들이 가장 귀한 줄 알아야 한다.

하나님은 우리의 있는 모습 그대로를 받아 주시며, 기도에 귀를 기울여 주신다. 어려운 삶의 순간에도 하나님은 우리의 기도를 들으시는 분이다. 사람은 사람을 차별하지만, 하나님은 차별하지 않으신다. 하나님은 근거 없이 역사하시지 않는다.

내가 청소년 시절에 학교 운동장에서 수돗물로 허기를 달래며 어렵고 부족하게 살아 본 경험이 있기 때문에 다른 사람을 이해하고 잘 섬기고 베푸는 은사도 주신 것 같다. 우리가 모든 것을 갖추고 여유가 있어야 하나님의 일을 더 많이 할 수 있을 것 같지만 그것은 착각이다. 인생의 고난은 하나님께 나아가는 장애물이 아니라 하나님이 쓰시기 위하여 준비시키시는 과정이다.

지금은 구원을 위해 열려 있는 시간이다

하나님은 우리 인생의 현재라는 시간을 통하여 구원의 역사를 이루어 가신다. 심지어는 고난과 고통의 시간과 상황까지도 하나님의 구원 계획에 선용하신다.

그렇기에 이때 구원의 확신 점검과 구원 상담이 중요하다.

아람 왕의 군대 장관 나아만은 그의 주인 앞에서 크고 존귀한 자니 이는 여호와께서 전에 그에게 아람을 구원하게 하셨음이라 그는 큰 용사이나 나병환자더라 전에 아람 사람이 떼를 지어 나가서 이스라엘 땅에서 어린 소녀 하나를 사로잡으매 그가 나아만의 아내에게 수종들더니 그의 여주인에게 이르되 우리 주인이 사마리아에 계신 선지자 앞에 계셨으면 좋겠나이다 그가 그 나병을 고치리이다 하는지라 왕하 5:1-3

나아만 장군은 당시에 번영했던 아람이라는 나라의 국방 장관 쯤 되는 공신이었다. 그런 나아만 장군이 어느 날 나병에 걸리게 되었고, 모든 방법을 동원해도 고칠 수가 없었다. 그때 이스라엘에서 포로로 잡혀 와 나아만 장군의 가정에서 수종을 들던 소녀가 이를 알게 된다. 소녀는 부모와 생이별하고 원치 않게 종살이를 하고 있었지만, 주인인 나아만 장군의 나병을 선지자 엘리사가 고칠 것이라고 믿음의 고백을 한다. 어린 소녀는 자신의 상황을 비관하지 않았고 수종 드는 일을 열심히 감당하며 생존 의지를 놓지 않았던 것이다. 우리도 원치 않는 상황에 처하고 하나님의 계획을 알 수 없을 때 이러한 삶의 의지를 가질 수 있어야 한다. 결국 나아만 장군은 어린 소녀의 말을 듣고 엘리사 선지자를 만나러 간다.

믿음이 없었던 아람 사람들도 하나님의 구원의 대상이었다. 어린 소녀가 고통의 상황을 거쳐 나아만 장군의 집에 있지 않았더라면 나아만 장군과 아람의 많은 사람이 믿음을 가질 수 없었을 것이다. 그런데 하나님의 때가 되니까 하나님이 역사하셨다. 성경에서 어린 소녀의 미래에 대해서는 언급하고 있지 않지만, 병 고침을 통해 확실한 믿음을 갖게 된 나아만은 아마도 물질적 보상과 함께 소녀를 가족에게 돌려보내주지 않았을까.

요셉도 형들에 의해 애굽에 노예로 팔려가게 되었지만, 하나님은 고난의 시간을 통해 요셉을 세계적으로 사용하셨다. 그러므로 우리도 고난이 있을 때 불평하기보다는 하나님의 뜻과 계획이 있을 거라고 생각하며 받아들이는 믿음이 있어야 한다. 하나님은 우리가 감당하지 못할 시험을 허락지 않으신다. 따라서 지금 내게 주어진 상황을 이해할 수 없을지라도 감사하는 믿음을 소유할 수 있어야 한다.

'지금'이라는 시간에 받은 은혜가 쌓여야 내일로 달려가고 승리할 수 있다. 엘리야가 로뎀나무 그늘 아래에서 절규하며 하나님께 정직한 마음으로 죽기를 원한다고 부르짖었을 때, 하나님은 엘리야를 하나님의 방법으로 회복시키셨다(왕상 19:3-4, 8).

우리가 고통 중에 있을지라도 하나님은 지금의 모습 그대로 우리를 사랑하시며 우리의 기도를 들으신다. 어떠한 상황이든 상관없이 하나님은 오늘이라는 시간 속에서 구원의 역사를 이루시고 은혜를 베푸시는 분이다. 우리가 다 이해할 수 없어도 오늘은 하나님이 허락하신 인생 최고의 시간이다. 오늘이 내 인생의 전성기라는 믿음으로 살아갈 때 하나님은 나를 향한 놀라운 계획을 이루실 것이다.

PART

마지막엔 진짜만 남습니다

13

신앙의 유산이 있는가

욥은 이 땅에서 누구나 꿈꾸고 목표하고 이루어지기를 원하는 지위와 부귀공명을 경험한 사람이다. 성경은 욥을 동방에서 가장 뛰어나고 존귀한 사람으로 소개하고 있다. 신앙적으로는 하나님을 경외하는 사람이었으며, 사회적으로는 사람들의 비난거리가 없었고, 도덕적으로도 악을 떠난 완벽한 사람이었다. 그는 경제적으로도 타의 추종을 불허할 정도로 엄청난 재산을 소유했으며 많은 종을 거느린 사람이었다. 욥은 자녀도 아들 일곱, 딸 셋을 두는 등 신앙적·사회적·도덕적·경제적으로 남부러울 것이 없는 사람이었다.

모든 면에서 완벽한 인물이었지만 욥이 가장 관심을 두고 중요하게 생각한 부분은 바로 자녀의 신앙이었다. 특히 그는 자녀들이 하나님의 말씀 앞에 깨끗한 삶을 살기를 원했다. 욥은 자녀들이 무엇보다 그들의 생각과 삶 속에서 하나님을 부인하지 않고 하나님의 이름을 욕되게 하지 않기를 바랐다.

한 예로 열 명의 자녀가 생일을 맞이하여 잔치를 열었을 때 욥은 다음 날 아침 일찍 하나님 앞에 번제를 드리고 자녀들 한 사람 한 사람이 하나님 앞에서 정결할 수 있기를 기도했다. 그래서 그의 자녀들이 하나님 앞에서 바로 설 수 있도록 하였다. 이런 신앙적 삶은 그에게는 일상이었다(욥 1:5).

일반적으로 사람들은 자녀에게 많은 것을 바라고 소망한다. 자녀가 번듯한 직장이나 사업을 통해 어떤 존귀한 직위를 갖거나 경제적으로 궁핍하지 않고 평생을 여유롭게 살 수 있는 여건을 갖추기를 소원한다. 이것은 자녀를 향한 사람들의 본능이기도 하다. 그러나 욥은 달랐다. 욥이 자녀들의 삶에서 사회적·경제적 안정보다 더욱 우선시한 것은 신앙의 순전성이었다. 욥은 자녀들이 하나님을 경외하는 것에 최우선 순위를 두기를 소원했다.

연약함을 인정하라

인간은 누구나 연약한 존재다. 인간이 가장 경계해야 할 대상은 죄이며, 죄에 대한 태도는 단호해야 한다. 죄는 틈이 보이면 언제든 침투할 수 있기 때문이다. 죄에 대해서 '무풍지대'에 있는 사람은 없다.

욥은 이러한 인간의 연약함을 잘 알고 있었다. 그래서 욥은 자녀들의 내면과 삶에 죄가 스며들까 봐 항상 경계하는 태도를 지녔다. 자녀들이 잔치를 하다가 혹시나 하나님과 마음이 멀어져 죄를 짓지 않았는지 염려하며 자녀들을 위해 새벽제단을 쌓았다. 욥은 자기 삶뿐만 아니라 자녀들의 삶에서도 신앙이 무너지면 모든 것이 무너진다는 것을 잘 알고 있었던 것이다.

인간의 죄는 욥이 번제물을 드린 것처럼, 희생제물의 피와 희생을 통해 정결하게 된다. 자녀들을 향한 욥의 희생적 제사와 이른 아침에 드린 예배와 희생 예물을 통한 헌신의 중보를 통해 자녀들의 신앙이 회복되고 계승된다.

욥은 자녀가 모두 결혼하였지만 신앙적으로 독립시켜 방치하지 않고 모두 불러 모아 제단을 쌓았다. 하나님 앞에 자녀들이 성결하게 살기를 바라며 매일 예배함으로 하나님 앞에 나아갔던 것이다.

신앙을 잃어버리는 것은 모든 것을 잃어버리는 것이다. 그렇기에 죄의 상존성과 인간의 연약성을 인정하고 경계해야 한다. 우리가 살아가는 이 시대는 노아의 홍수 이전 시대처럼, 하나님이 인간의 죄악이 세상에 넘쳐나는 것을 보시고는 사람을 지으셨음을 후회하셨듯(창 6:5-8), 죄악이 도처에서 넘쳐나는 시대다. 우리가 생각하고 계획하는 방향이 다 옳은 것이 아니라는 것이다. 하나님 앞에 바로 서지 않는다면 모든 인간은 하나님을 등지고 죄를 지을 수밖에 없다.

나는 유럽의 종교개혁지 순례를 다녀온 적이 있었는데, 길거리나 편의점에서 대마초를 파는 모습을 쉽게 볼 수 있는데 정말이지 충격이었다. 소위 기독교 국가로 불리던 나라들이 대마초를 거리낌없이 유통하고, 동성애를 쉽게 받아들이는 세상이 되었다. 유럽에서는 19세가 될 때까지 성 정체성을 부여하지 않고 스스로 느끼는 대로 정할 수 있도록 선택권을 주었다. 생물학적 염색체는 분명히 'XY'인 남자이지만, 본인이 자기 자신을 여자로 느낀다면 여자 화장실을 쓸 수 있도록 하는 혼란한 시대를 살아가고 있다. 한마디로 진리와 죄에 대한 기준이 무너진 세상에서 살아가고 있는 것이다.

한때 유럽은 국민의 90퍼센트가 기독교인이었다. 주일이면 성당과 교회가 예배하는 사람들로 가득 찼었는데, 내가 찾아갔을 때는 텅텅 비어 있었다. 유럽의 교회와 성당들은 관광객들에게 입장료를 받아 건물을 유지하는 곳이 되었다.

신앙은 생명력을 갖고 있는 동시에 유동적이다. 처음의

뜨거웠던 신앙이 저절로 유지되지 않는다는 것을 기억해야
한다.

우리 가정은 신앙 공동체인가

욥의 일곱 아들들이 각각 자기 집이 있었다는 것으로 보
아(욥 1:4) 이미 결혼하여 분가한 상황임을 짐작할 수 있다. 결
혼을 통해 삶의 행동반경과 공간은 분리되었지만, 신앙의 영
역은 분리되지 않고 믿음이 가장 견고한 부모 세대와 자녀 세
대가 연동되어 이어지는 것이 성경이 보여 주는 건강한 가문
의 모습이다.

가정의 개념은 현대에 와서 많이 축소되고 변화되었지만,
신앙의 영역은 세대가 연결되어야 함이 욥의 가문을 통해 제
시되며 강조되고 있다. 욥이 모여 예배하자고 말하자, 자녀들
은 함께 모여서 아버지의 리더십 아래 자신을 정결하게 하는
것에 집중했다(욥 1:5).

이스라엘 민족은 아무리 멀리 떨어져 있어도 절기 때가
되면 20세 이상의 남자들이 예루살렘 성전에 모여 예배하는
신앙 공동체다. 그래서 지금까지 그들의 신앙이 자녀 세대로
계승된 것이다. 신앙은 독립적 영역이 아닌 연대의 영역이다.
경제적으로는 독립시킬지라도 신앙과 관련해서는 독립이 아

닌 하나의 공동체로 연대가 이루어져야 한다. 나는 이것이 성경적이고 하나님이 우리를 위해 만들어 주신 시스템이라고 믿는다.

지금 이 시대의 문제점은 간섭받기를 싫어하는 자녀 세대가 신앙적으로도 독립하려는 데 있다. 아무리 가정에 대한 개념이 많이 바뀌었다고 할지라도 부모는 신앙의 영역에서 자녀들을 살필 수 있어야 한다. 자녀들을 올바로 양육하기 위해 부모의 간섭이 필요한 영역이 있다.

시험 기간을 앞둔 자녀들이 부모의 잔소리를 듣기 싫어하지만 자녀 스스로 알아서 하는 경우는 많지 않다. 얼마 전 내 손주들이 교회 숙제로 성경 쓰기를 하는 것을 보며 칭찬해 주었다. 아이들에게 알아서 성경을 쓰라고 하면 하지 않는다. 우리 자녀들이 하나님께 나아오고 말씀을 묵상하고 예배하는 것은 저절로 되지도 않을 뿐 아니라 자연스러운 것이 아니기 때문이다.

후안 카를로스 오르티즈(Juan Carlos Ortiz) 목사는 《제자입니까》라는 책에서 '모든 면에서 완벽한가?'를 묻지 않고, 가지고 있는 신앙이 '진짜인가?'를 질문한다. 간섭받고 싶지 않아 하는 자녀 세대와 신앙적 연대를 이루기 위해서는 부모 세대가 리더십과 권위를 회복해야 한다. 그런데 오늘날 많은 가정에서 부모 세대가 리더십과 권위를 잃어버렸다. 자녀들이 볼 때 부모의 신앙과 삶이 일치되지 않기 때문이다. 그로 인해 권위가 흔들리게 되는 것이다. 욥과 그의 가문을 통해 주어진 교훈이 바로 이것이다. 죄에 대한 인식이 희미해지고 기준이 불분명한 시대에 하나님은 욥처럼 신령과 진정으로 예배하는 사람을 찾으신다.

우리의 최종 목적지

우리의 최종 목적지는 영원한 하나님 나라이며, 나와 자녀들을 위해 그날을 준비해야 한다. 모든 인생들은 예외 없이 언젠가는 이 세상 떠나는 날을 직면하게 된다. 그날(the Day)에 하나님을 만나기 위해서는 죄가 해결되어야 한다. 그런데 예수 그리스도의 피가 아니고는 죄를 용서받을 길이 없다.

욥이 드린 번제에는 희생의 제물, 즉 피 흘림의 희생이 있었다. 욥의 많은 재산이나 명성과 존귀함이 욥 자신과 자녀들의 죄를 사하고 영혼을 구원하는 것이 아님을 욥은 분명히 알고 있었다. 성경은 욥을 의인으로 소개하고 있는데, 이 의는 오직 피 흘림을 통한 구속의 은총에서 오는 것이다. 아브라함도 믿음을 통해 의로 여김을 받았으며(창 15:6), 욥도 믿음을 통해 의인으로 칭함을 받았다(롬 1:17).

욥의 열 자녀는 모두 아버지보다 일찍 죽는다. 자녀가 먼저 죽는 것은 부모에게 가장 큰 고통이다. 올 때는 순서대로 세상에 왔지만 갈 때는 순서가 없다고 하지 않는가.

그렇다면 한날에 죽게 된 욥의 자녀 열 명의 영혼은 어디를 향했을까. 나는 개인적으로 그들이 아버지 욥의 신앙의 지도와 인도를 받은 것으로 볼 때 하나님 나라에 이르렀다고 본다. 아버지 욥이 자녀들의 신앙을 철저하게 준비시켰기 때문이다. 진짜 불행은 자녀가 우리보다 앞서 떠나는 것이 아니다. 자녀의 신앙이 무너져서 믿음의 부모들과 함께 하나님 나라에 가지 못하고 영원한 삶을 누리지 못하는 것이다. 이것을 노심초사하는 부모 세대가 되어야 한다.

나는 가끔 내 자녀들에게 이런 질문을 하곤 한다. "언젠가 아빠와 엄마는 물론이고 너희도 하나님 나라에 가게 된다면 남겨진 손자, 손녀들이 장성하여 가정을 이룰 텐데 그때도 아이들이 우리처럼 신앙생활을 할 수 있을까?"라고 말이다. 그러면 쉽지 않을 것 같다고 대답한다. 부모 세대가 자녀들을 위해 희생하고 노력하고 많은 투자를 하는데, 정작 그 영혼들이 하나님 나라에 들어가지 못한다면 그것이 무슨 의미가 있을까. 우리가 떠나간 뒤에도 장성한 자녀들이 가정을 이루고 그 자녀들과 모여 예배하는 신앙을 물려줄 수 있어야 한다.

자녀에게 본을 보이는 신앙

우리는 욥처럼 예배하고, 새벽을 깨워야 한다. 욥처럼 자녀들에게 믿음의 본을 보이고, 죄를 경계해야 한다. 욥처럼 항상 기도하고 자녀들을 주님 앞에 세우는 일을 포기하지 말아야 한다. 돈이나 명예보다도 신앙이 우선이다.

가족끼리 연대를 이루는 데 있어 신앙을 부분적인 요소로 생각하는 사람들이 많다. 경제적으로 잘되고 사회적인 위치가 높아지는 것만을 위해 기도하는 것이다. 감자를 캘 때, 줄기를 잡고 당기면 줄줄이 엮여서 따라 나오는 것을 보게 되는데 신앙도 이와 같다. 부모의 신앙이 바르게 세워지면 자녀들도 세워지고 반대로 부모의 신앙이 무너지면 자녀의 신앙까지도 다 무너진다.

성경은 "오직 의인은 믿음으로 말미암아 살리라"(롬 1:17)라고 말씀하고 있다. 신앙이 바로 세워지면 어떤 역경을 만나도 믿음으로 극복할 수 있다. 성경에서 우리를 나그네 인생이라고 말씀하는 까닭은 우리에게는 영원한 하나님 나라가 있기 때문이다. 그러므로 신앙이 전부이고, 신앙이면 충분한 것이다. 신앙을 가장 우선순위에 두는 몸부림이 있을 때 부모세대에게 진정한 리더십과 권위가 주어지게 된다. 그래야만 신앙적 유산을 자녀들에게 물려줄 수 있다.

위기를 바라보는 관점을 바꾸라

헤롯 아그립바 Ⅰ세(B.C. 10-A.D. 44)가 죽은 시기는, 예루살렘 교회에서 시작된 부흥의 역사가 이방 지역인 안디옥까지 크게 확장된 때였다. 이방 선교의 모체가 되었던 안디옥은 당시 그 화려함과 규모에 있어 로마제국에서 세 번째로 큰 도시였다. 그런데 그런 안디옥까지 두루 복음이 증거되는 긍정적 상황에서 헤롯 왕의 핍박은 갈수록 심해졌다. 야고보가 참수형으로 순교하고 베드로마저 투옥되어 처형될 처지에 놓였을 정도였다. 예루살렘 교회의 최대 위기가 아닐 수 없었다.

헤롯 왕 이전에 기독교인을 핍박한 이들은 다름 아닌 유대인이었다. 유대인들은 교회 지도자들이 처형당하는 상황을 기뻐했다. 하나님을 믿으며 하나님의 공의를 추구한다는 이들이 이런 일을 벌였다는 것은 모순적이다. 헤롯 왕은 당시 교회 지도자를 처형함으로써 유대인들의 환심을 사서 자신의 리더십을 강화하고자 했다. 그의 정치적 야망으로 기독교의 위기는 계속되고 있었다.

위기조차 하나님의 섭리였음을

그때에 헤롯 왕이 손을 들어 교회 중에서 몇 사람을 해하려 하여

행 12:1

'그때에'에서 '때'에 해당하는 부분에 '중요한 시기' 또는 '하나님의 특별한 시간'을 의미하는 헬라어 '카이론'이 사용되었다. 이는 '그때에' 일어난 위기 상황이 하나님의 경륜 안에서 가장 적합한 때였음을 의미한다(행 1:7). 즉 헤롯의 박해가 우연이 아닌, 하나님의 구원 역사의 맥락에서 최적의 시기에 일어났다는 의미다.

이 사실은 우리에게 닥친 위기나 고난의 상황이, 통전적(holistic)인 틀 안에서는 하나님의 시간 안에 허락된 것임을 교훈한다. 그리스도인의 삶의 여정에는 우연이 없다. 떨어지는 나뭇잎 하나에도 하나님의 선하신 손길과 섭리가 깃들어 있

음을 인식하는 것이 성경적 관점이다. 시간의 주인은 하나님이시기 때문이다. 비록 고난이 당사자와 당사자가 속한 공동체에는 말할 수 없는 고통을 주며, 또 고난이 발생한 이유를 분명히 이해하기 어려운 상황일지라도, 분명한 것은 하나님이 그 상황을 허락하셨다는 점이다.

하나님은 인간이 이해하는 영역 안에서만 역사하시는 분이 아니다. 하나님은 또한 인간의 계획과 바람의 시간 안에서만 역사하시는 분이 아니다. 인간의 최악이 하나님에게는 최선이 될 수 있으며, 인간의 최선이 하나님에게는 최악이 될 수 있다.

다윗은 성경적인 시간관을 통해 인생의 위기를 극복한 대표적인 인물이다. 다윗은 10년 동안 광야에서 사울 왕을 따르는 3천 명이나 되는 군사들의 추격을 받아야 했다. 한 명의 스토커만 따라온다고 해도 힘이 들 텐데, 다윗은 어떻게 10년의 세월 동안 추격을 피해 다니면서도 그 내면을 지키고 견딜 수 있었을까. 다윗의 고백에서 우리는 그 답을 찾을 수 있다.

나의 앞날이 주의 손에 있사오니 내 원수들과 나를 핍박하는 자들의 손에서 나를 건져 주소서 시 31:15

다윗처럼 매사에 인간의 생사화복과 공동체와 국가의 흥망성쇠를 주관하시는 분이 하나님이심을 고백하는 사람은 신앙적으로 매우 성숙한 사람이다. 사람이 보기에는 다윗의 생명이 사울 왕의 손에 달린 것처럼 보인다. 그러나 다윗은 자신의 앞날과 생사화복이 하나님의 손에 달려 있음을 확신하고 고백했다. 그래서 다윗은 사울 왕을 죽일 기회가 두 번이나 있었지만 복수하지 않았다. 그렇게 하나님의 손에 붙들린 다윗은 위기의 시간 속에서도 내면의 균형을 유지할 수 있었다.

서두에서 언급한 헤롯 왕이 개인이나 교회에 큰 피해를 주고 고통을 제공한 원인이 되는 것 같지만, 사실 그것까지도 하나님의 손길 안에 있었다. 비록 헤롯이 자신이 마음먹은 대로 무엇이든지 할 수 있는 힘을 가진 왕이라고 스스로 자부할지라도, 그의 모든 행동은 하나님의 시간 안에 존재하고 있었던 것이다.

믿음의 사람에게도 위기는 온다

믿음의 사람들이 오해하는 것들이 있다. 믿음의 사람에게는 위기나 고난이 오지 않는다거나, 또는 고난이나 위기의 원인이 모두 '죄'라고 생각하는 것이다.

의인은 고난이 많으나 여호와께서 그의 모든 고난에서 건지시
는도다 시 34:19

당시 예루살렘 교회를 포함한 초대 교회는 성령님의 인도
하심에 순종함으로써 안디옥 교회와의 깊은 유대를 통해 역
동적으로 세계 선교 사역에 마음의 문을 열고 있었다. 야고보
의 순교나 베드로의 투옥은 초대 교회 공동체의 잘못 때문이
아니었다. 그런 상황의 원인을 표면적으로는 유대인의 환심
을 사려는 헤롯 왕의 정치적 야망에서 찾을 수 있겠지만, 궁
극적으로는 실수하지 않으시는 하나님의 시간 안에서 모든
것이 이루어진다는 데에서 찾을 수 있다(롬 11:29).

신·구약 성경의 어디를 찾아보아도 믿음을 갖게 되는 순
간부터 아무 어려움이 없을 것이라는 말씀은 찾아볼 수 없다.
우리가 위기의 상황이나 고난의 순간을 올바르게 바라보는
성숙한 성경적 가치관을 가질 때 어려운 상황에서 평안을 유
지하며 긍정적인 자세로 이겨낼 수 있을 것이다.

하나님의 전능성을 믿는가

하나님은 야고보가 참수형이라는 죽음의 고통을 겪는 중
에도 신앙의 절개가 꺾이지 않게 하셨다. 반면에 베드로는 똑

같은 상황에서 기적적으로 살려 내셨다(행 12:1-10). 이 모든 과정은 하나님의 허락하심 속에서 이루어진 것이다. 야고보가 참수형으로 순교한 것이 하나님의 능력이 없음을 의미하지 않는다. 하나님은 인간의 시도로는 도저히 탈출과 생존이 불가능한 상황에서 초자연적인 개입으로 베드로를 구출하신 분이다.

이처럼 하나님은 너무나 사랑하는 두 사도가 처한 위기의 순간에 각각 다른 방식으로 개입하셨다. 그러나 지혜롭고 성숙한 사람은 야고보와 베드로가 처한 상황에서 각각 다르게 개입하신 하나님이 동일하신 하나님이요, 전능하신 하나님이라는 사실을 안다.

야고보가 죽음의 순간에도 신앙을 부인하지 않고 죽음을 받아들이면서 끝까지 신앙을 고수할 수 있었던 것도 전능하신 하나님의 도우심이 있었기에 가능한 일이다.

예수님도 십자가에 달리실 때 얼마든지 그 자리를 박차고 내려오실 수 있었다. 그러나 충분한 능력이 있는데도 힘을 쓰지 않고 참아 내신 것이 진정한 기적이었다. 예수님은 자신을 못 박고 조롱하던 그들을 구원하기 위해 고난을 당하셨다. 만약 예수님이 하나님의 아들임을 증명하라는 무리의 조롱에 분노하시며 십자가에서 내려오셨다면 인류의 구원의 문은

닫히고 말았을 것이다.

예수님은 돌로 떡을 만들어 먹으라는 사탄의 유혹을 받으셨을 때도 충분히 능력이 있으셨지만, 사람이 떡으로만 사는 것이 아니라는 말씀으로 물리치셨다(마 4:4). 계속되는 정체성과 정통성에 대한 사탄의 도전이 있었지만 예수님은 모든 시험을 오직 말씀으로 이기셨다.

하나님의 전능성은 이미 말씀으로 무에서 유를 만드신 천지창조 때에 증명되었다. 그러나 전능성의 절정은 하나밖에 없는 독생자가 온 세상 죄인들의 죄를 대속하기 위해 십자가 위에서 고난당하는 것을 지켜보시면서도 해가 빛을 잃고 온 세상이 어둡게 되는 침묵의 눈물로 슬픔의 고통을 참아 내실 때 드러났다. 또한, 죄인들을 사랑하셔서 그들의 죄를 사하고 구원하기를 원하시는 아버지의 뜻을 받들어 구원의 유일한 방법인 십자가 위에서의 죽음을 묵묵히 받아들이신 예수 그리스도의 순종에서 하나님의 전능성은 최고로 빛났다. 자신에게 있는 힘을 쓰지 않고 고통의 상황을 참아 내는 것은 더 큰 능력의 발휘다.

하나님의 종 야고보의 죽음 앞에 헤롯을 비롯한 수많은 무리가 조롱하는 상황 속에서도 하나님은 분노를 당장에 쏟지는 않으셨는데, 이것 또한 전능하신 하나님의 역사라고 볼 수 있다. 야고보도 이것을 받아들였다.

우리도 베드로와 같은 기적을 경험하게 해달라고 기도해야 하겠지만, 어떤 불이익의 상황에서도 신앙인으로서 끝까지 하나님을 시인하며 사는 기적의 주인공이 되게 해달라는 성숙한 기도 또한 해야 할 것이다. 믿는 사람들은 수많은 위기의 상황을 하나님의 관점에서 읽고 재해석하는 성숙한 안목을 가질 수 있어야 한다. 그래야만 흔들림 없이 믿음의 길을 걸어갈 수 있다.

하나님에 대한 몰이해가 실패를 부른다

당시 유대인들은 하나님을 믿는 사람들이었음에도 교회의 지도자였던 야고보가 정당한 재판 과정 없이 헤롯 왕에 의해 참수형으로 살해당하는 불의한 상황을 기뻐했다. 이러한 그들의 태도는 그리스도인들이 죽어 그 세력이 약화되는 것이 하나님의 뜻이요, 옳은 상황이라는 잘못된 믿음에서 비롯됐다. 이처럼 자기 의(義)에 빠진 사람들은 얼마든지 집단적인 광기로 어떤 대상을 정죄하거나 비난을 넘어서는 파괴적인 행위를 할 수 있다. 조금만 자기 아집에서 벗어나 객관적이며 상식적인 시각으로 바라본다면, 이런 우를 범하지 않을 수 있을 것이다.

헤롯은 유대 백성들의 마음을 얻기 위해서 그리스도인의 리더들을 죽이는 방법을 취했다. 이것이 자기의 정치적 리더십을 확립할 수 있게 하고, 유대를 다스리는 자신의 통치권을 세우고 증명하는 지혜로운 정치의 일환이라고 오판했던 것이다. 그들의 실패는 무엇보다도 하나님에 대한 몰이해에서 비롯된 것이다.

그렇다면 헤롯과 유대인들은 하나님에 대한 어떤 몰이해가 있었는가.

첫째, 그들은 하나님의 거룩하심에 대하여 잘못 이해하고 있었다. 하나님은 어떤 일을 도모하기 위해 죄나 불의와 타협하시는 분이 아니다. 유대인들은 불의한 방법을 동원하여 그리스도인들을 핍박했는데, 이렇게 행하는 것이 하나님의 뜻이 아님을 알지 못했다.

그들은 거룩하신 하나님을 믿는다고 하면서도 그분의 거룩하심에 대해서는 제대로 이해하지 못했다. 정당한 절차를 통해 재판하고 변론하는 것이 상식인데, 그들은 불공정한 재판 과정이 진행될 수밖에 없는 즉결심판을 했다. 하나님의 거룩하심에 대한 몰이해 때문에 잘못된 삶을 지향했던 것이다.

둘째, 그들은 자신의 존재와 부르심의 목적을 전혀 알지 못했다. 유대인들은 그들의 조상 아브라함과 이삭과 야곱을 통해 자신들이 존재하게 된 것이 온 세상을 구원하기 위한 '열국의 아비와 어미의 사명'을 감당하기 위함임을 모르고 있었다. 헤롯은 자격도 없던 자신에게 권력이 주어진 것이 유대를 포함한 온 세상을 섬기도록 하기 위한 하나님의 은총이었음을 이해하지 못했다. 한마디로, 그들은 진정한 사명을 상실했기 때문에 존재 목적대로 올바로 살지 못하고 실패의 삶을 살게 되었다.

유대인들의 존재와 부르심의 목적은 하나님을 모르는 모든 민족을 구원받게 하는 것인데, 이들은 편협한 선민의식으로 하나님이 자신들만 구원하신다고 생각했다. 오늘날 크리스천들도 우리만의 리그에 빠져서는 안 될 것이다. 우리 존재와 부르심의 이유는 나와 우리 교회를 통해 지역사회와 전 세계 사람들이 예수님을 알고 믿도록 하는 것이다.

셋째, 그들은 하나님의 역동성과 진취성을 이해하지 못했다. 유대인들은 자신들이 나무 십자가에 못 박았던 예수님이 사실 하나님의 아들이셨음을 몰랐다. 그 나무 십자가에 진짜 못 박힐 사람은 부르심의 사명을 감당하지 못하고 있는 본인이라는 것도, 자기를 대신해 예수님이 못 박히셨다는 것도 이해하지 못했다. 당연히 독생자 예수 그리스도의 고난을 통해 온 세상을 구원하시려는 하나님의 구원 방법 또한 알지 못했다. 유대인들이 저주라고 치부했던 나무 십자가에 예수님이 매달리시는 방법으로 하나님이 인간의 죄 문제를 해결하고, 온 인류를 구원할 것이라고는 상상조차 못 했다. 따라서, 그들은 예수 그리스도를 따르는 그리스도인들을 핍박하는 데 앞장섰던 것이다.

우리는 어렵고 힘든 고통 앞에서 '왜 이렇게 힘든 시간이 주어질까?'라는 생각을 할 수 있다. 많은 경우에 우리는 내 생각의 틀 안에서만 상황과 사람을 해석하려고 한다. 하나님은 인간의 지식과 경험과 이해의 틀 안에서만 일하시는 분이 아니다. 하나님은 길이 없는 곳에 길을 만드시는 분이다. 광야에 길을 만들고 사막에 물을 내시는 분이다. 내 경험, 내 지식, 내 가치관, 내 세계관, 내 정보 안에서만 인생을 해석하지 말아야 한다. 하나님은 제한받지 않고 일하시는 분이다. 하나님이 여시면 닫을 자가 없고, 하나님이 닫으시면 열 자가 없다.

하나님은 요셉에게 꿈을 주시고 그가 고난을 이겨 내게 하셔서 세계를 경영할 지도자로 세우실 계획이 있었지만, 요셉의 가족들은 전혀 알지 못했다. 다윗의 아버지와 형들도 다윗이 이스라엘 민족의 왕이 될 것을 알지 못했다. 모압 여인 룻이나 기생 라합도 그들이 예수님의 족보에 기록되리라는 것을 알지 못했다. 당시에 예수님의 주변에는 수많은 지식인이 있었지만, 어부들을 제자로 부르셨다. 우리는 오늘의 위기에 몰입하지 말고, 부족한 우리를 하나님의 자녀로 삼으시고 일꾼으로 부르시는 하나님께만 집중해야 한다.

넷째, 그들은 객관적 자기 이해가 없었다. 헤롯은 유대인이 아니었지만 어릴 적 로마에서 클라우디오(Claudius) 황제와 친구로 지냈기 때문에 유대 전체와 인근 지역을 통치하는 지위와 권력을 부여받게 되었다. 그는 부여받은 권위로 정당한 정치를 해야 했다. 그러나 스스로 유대인이 아니라는 열등의식을 가지고 유대인의 비위를 맞추기 위한 정치를 하며 권력을 남용했기에 그는 결과적으로 실패의 삶을 살게 되었다.

다섯째, 그들은 심음과 거둠의 원리에 대하여 이해하지 못했다. 그들은 하나님이 한 알의 밀이 땅에 떨어져 죽는 것을 통해 수많은 부흥의 열매를 맺으시는 분임을 몰랐다. 야고보라는 순교자의 피 흘림을 통해 수많은 잃어버린 영혼이 주님께 돌아오게 하는 것이 하나님 나라의 원리임을 유대인들과 헤롯은 알지 못했다. 야고보의 순교가 하나님의 뜻 안에 있는 계획이었는데, 헤롯과 유대인들은 자신들이 힘이 있어서 승리의 개가를 부르고 있는 것으로 착각했다.

심은 대로 거두는 자연의 법칙은 선교의 역사에도 동일하게 나타나는 하나님 나라의 법칙이다. 순교자가 나온 도시와 국가에는 예외 없이 부흥이 일어났다. 한 알의 밀알이 죽어 셀 수 없이 많은 열매가 맺힌 것이다.

야고보의 순교 이후 얼마 지나지 않아서 헤롯은 하나님이 보내신 사자의 치심을 통해 같은 해(A.D. 44)에 벌레에게 먹혀 죽게 된다(행 12:23). 교만한 사람은 망하게 되어 있다. 교만한 사람은 자기에게 주어진 힘으로 타인을 공격하고 파괴하는 경향을 보인다. 그는 교만했기에 그리스도인과 교회 지도자들을 박해했던 것이다. 헤롯은 교만을 심어 결국 멸망을 거두었다.

겨울에 보리를 밟으면 더 잘 자란다

고난이 찾아왔을 때 우리는 어떻게 해야 할까. 우선 자신에게 닥친 위기의 상황을 단편적으로 바라보고 판단할 것이 아니라 통전적으로 해석할 필요가 있다. 그리고 하나님의 신실성을 신뢰하며 예배할 수 있어야 한다. 엄청난 고통과 고난이 자신에게 닥쳐올 때 하나님을 원망(욥 1:20-22)하는 대신 신실하신 하나님을 끝까지 신뢰하며 욥처럼 예배할 수 있는 믿음이 있어야 한다.

또한 위기 상황에서 우리는 믿음을 활용해야 한다. 베드로가 감옥에 갇혀 내일이면 죽음을 맞이해야 하는 상황에서도 천사가 옆구리를 쳐서 깨워야 할 정도로 깊이 잠이 들었던 것은 그가 옥에 갇힌 상황에서도 평안함을 누렸다는 것을 의미한다(행 12:7). 한편, 천사는 베드로의 손에 묶여 있던 쇠사슬을 벗겼고, 닫힌 쇠문을 열었다. 하나님을 믿는 자에게는 이와 같은 기적의 역사가 일어난다.

위기의 상황 가운데 또 중요한 것은, 기도의 신실성과 능력을 신뢰하는 것이다. 예루살렘 교회는 자신들의 잘못과 상관없이 발생한 고난이라는 절망적 상황에서도 하나님을 신뢰하며 베드로를 위해 기도했다(행 12:5). 기도의 절대적 능력을 믿었기 때문이다. 그리고 이 기도는 분명하게 응답되었다.

마지막으로, 고난과 함께 찾아올 부흥을 확신하고 기대해야 한다. 사도들의 투옥과 죽음, 그리고 온갖 핍박에도 불구하고 오히려 하나님의 말씀은 흥왕하여 갔다(행 12:24).

고난은 항상 하나님의 섭리 안에 있다. 고난을 이겨 내면 승리가 기다린다. 예루살렘 교회에 임한 고난 뒤에는 부흥의 역사가 기다리고 있었다.

우리는 살아가며 수많은 위기와 어려움을 경험한다. 하지만 올바른 역사의식을 가지고 믿음으로 나아갈 때 그 위기와 어려움을 능히 이겨 내고 감당할 수 있다. 한겨울에 보리밟기를 하면 보리가 더 잘 자라서 추수할 때 알찬 열매를 거두게 된다. 이처럼 지금 삶의 위기를 잘 이겨 내고 하나님께 더욱 영광을 돌리며 믿음으로 승리하기를 바란다.

기근과 실패 앞에서 잊지 말아야 할 것

믿음의 조상 아브라함은 불리하고 열악한 신앙적 배경 속에서도 하나님의 말씀을 따라 믿음으로 모험의 여정을 떠나기로 결단하며 나아갔다. 그럴 때 아브라함에게 내리신 하나님의 축복에 대한 약속은 실로 엄청난 것이었다. 첫째로 큰민족이 되는 것, 둘째로 창대하게 되는 것, 셋째로 복이 되는 것, 넷째로 상호 공수 맹약, 다섯째로 아브라함으로 말미암아땅의 모든 족속이 복을 받으리라는 것, 여섯째로 자녀의 축복등이었다(창 12:2-3).

그러나 신앙의 길을 가기로 결단한 아브라함을 기다리고있는 현실은 아름다운 장밋빛 삶이 아니었다. 아브라함은 여러 가지 현실적 어려움과 처절한 실패를 경험해야 했다.

그다지 형통하지 않았던 아브라함의 삶

아브라함이 하나님의 약속의 말씀을 따라(창 12:4) 순종하며 나아갔음에도 불구하고 그를 기다리고 있는 삶은 끊임없이 이주를 해야 하는 고달픈 여정이었다. 갈대아 우르에서 하란으로의 이주를 시작으로 그는 모두 열 번이나 지역과 국경을 넘나드는 큰 이주를 경험했다(창 13:18).

아브라함이 믿음으로 살기로 결심했다 하더라도 하루아침에 그에게 눈에 띌 정도로 긍정적인 변화가 있거나 안정이 찾아온 것은 아니었다. 오히려 신앙의 결단으로 인해 당장에는 더욱 불확실한 미래가 주어지는 듯했다. 주거지를 계속 옮긴다는 것은 불안정한 삶의 현실이 지속된다는 것이다. 이렇게 안정되지 못한 삶의 현실에도 아브라함은 끊임없이 몸부림치면서 보다 나은 삶을 위해 꺾이지 않는 의지로써 버텨 냈다. 이러한 아브라함의 모습은 우리에게 위로와 감동이 된다.

아마도 아브라함이 믿음으로 갈대아 우르와 하란을 떠나지 않았다면 그렇게 많은 이주를 하지 않아도 되었을지 모른다. 아브라함이라 할지라도 불안정한 생활 탓에 마음속에 불현듯 자신이 선택한 믿음의 길에 대한 의구심이 생겨났을지도 모른다. 그렇지만 아브라함은 하나님을 믿기로 선택한 이후에 다시 옛 생활인 하란이나 갈대아 우르 지역으로는 돌아가지 않았고 끝내 믿음을 지켰다.

성경적 형통함이란, 삶에 아무 어려움이 없고 모든 일이 순조롭게 진행되는 상태만 의미하는 것이 아니다. 성경적 형통함은 신앙의 여정 가운데 하나님이 허락하시는 고난을 믿음으로 능히 극복해 나아갈 수 있는 상태를 의미한다. 그래서 하나님께 크게 쓰임을 받고 복을 받은 성경 속 인물은 기구한 어려움을 통과한 경우가 참 많다. 우리도 신앙의 여정에서 녹록지 않은 현실을 만날 수 있지만, 믿음으로 준비하여 능히 승리할 수 있어야 한다.

'올라가는 인생'을 살라

아브라함은 하나님의 놀라운 축복의 약속을 믿고 신앙의 여정을 떠났지만, 당장 그의 앞에 기다리고 있는 것은 기근, 즉 굶주림이었다.

사람이 인생을 살아가면서 가장 서러울 때는 먹는 것이 해결되지 않을 때라고 한다. 아브라함은 "네게 보여 줄 땅으로 가라"(창 12:1)라는 하나님의 말씀에 순종했지만 그를 기다리는 현실은 늘 녹록지 않았다. 자신이 굶주리는 것도 힘들었겠지만 가족이 굶주리는 상황은 가장으로서 매우 견디기 힘든 일이었을 것이다.

그것은 아브라함의 게으름 때문도, 잘못된 선택과 실수로 인한 것도 아니었다. 또한 죄와 불신앙으로 인한 하나님으로부터의 징계 때문도 아니었다. 아브라함에게 찾아온 기근을 자연적인 재해로 볼 수도 있겠지만, 삶의 현실 속에서 만나는 기근과 시련은 그 원인이 무엇이든지 간에 하나님의 섭리와 경륜 안에 있다. 하나님 안에서는 우연이 없다. 하나님은 기근의 상황을 통해 아브라함을 훈련하기를 원하셨으리라. 기근을 만났지만 아브라함이 다시 옛 생활(갈대아 우르와 하란)로 돌아가지 않은 것은 큰 용기가 있었기 때문이다.

한편, 아브라함이 기근을 만났을 때 그가 하나님께 기도했다는 내용이 없다는 것이 아쉽다. 그전에 아브라함은 어느 곳에 정착하든지 하나님께 제단을 쌓고, 여호와 하나님의 이름을 부르며 기도했다(창 12:8; 13:4). 오늘날로 말한다면, 하나님께 예배를 드린 것이다. 그러나 애굽으로 내려갈 때는 아브라함이 하나님께 응답을 받았다는 내용도, 애굽에 가서 하나님께 제단을 쌓았다는 내용도 없다.

아마도 아브라함은 기근이라는 힘든 상황을 만나자 당시 대부분의 사람들이 기근을 피해 이주했던 애굽으로 자연스럽게 내려가게 되었을 것이다(창 12:10). 그 순간에는 애굽이 먹고살기에 유리한 기회의 땅처럼 보였을지 모른다. 그러나 하나님 보시기에는 애굽으로 가는 아브라함의 행보가 '올라가는' 인생이 아니라 '내려가는' 인생이었다.

요나는 니느웨로 가라는 하나님의 명령을 피하여 다시스로 도망했는데, 이 모습을 성경은 요나가 다시스로 도망하기 위해 "욥바로 내려갔더니"(욘 1:3)라고 기록하고 있다. 하나님의 뜻이나 관점을 거스르는 선택이나 행위는 하나님 보시기에 내려가는 인생길인 것이다.

아브라함의 조카인 롯도 눈에 보이는 것을 좇다가 내려가는 인생을 살았다. 롯은 소돔과 고모라에 가득했던 죄악을 바라보지 못하고, 화려한 도시 환경에 도취되어 그곳을 '여호와의 동산'같이 여기며 머문 결과 큰 궁지에 빠지고 말았다(창 13:10).

"오직 의인은 믿음으로 말미암아 살리라"(롬 1:17)라는 말씀처럼, 하나님의 백성들은 어떠한 상황에서도 오직 믿음으로 삶의 퍼즐을 풀어나가야 한다. 믿음의 사람은 어떤 상황에서도 하나님의 뜻을 따라 믿음으로 말하고, 생각하고, 결정하고, 행동한다. 아무리 복잡한 수학 방정식도 수식을 괄호 안에 집어넣고 앞에 마이너스를 붙이면 그 값의 결과는 정반대인 마이너스가 된다. 이처럼 삶에 여러 가지 어려운 여건이 있어도 항상 믿음 안에서 풀어내면 그 인생은 '플러스 인생',

'올라가는 인생'이 된다.

다윗은 "나의 발을 암사슴 발 같게 하시며 나를 나의 높은 곳에 세우시며"(시 18:33)라고 고백하였으며, 하박국 선지자는 "주 여호와는 나의 힘이시라 나의 발을 사슴과 같게 하사"(합 3:19)라고 고백했다. 사슴은 앞다리보다 뒷다리가 길어서 고지로 올라갈 때 더 빠르게 달릴 수 있는데, 이것을 힘차게 올라가는 신앙의 상태에 비유한 것이다. 이처럼 믿음의 사람들은 하나님이 보실 때 '올라가는 인생'을 살아가야 한다.

실패를 뒤로하고 다시 엎드린 아브라함

아브라함은 기근을 만났을 때 애굽으로 내려가는 그릇된 선택을 했고, 그로 인해 마음속에 극도의 불안과 두려움이 엄습해 오는 것을 경험했다. 그래서 아름다운 아내 사라의 미모로 인해 애굽 사람들이 자신의 생명을 빼앗아 갈 수도 있다는 생각에 사로잡혀 아내를 누이동생이라고 속이게 된다.

인간의 생사화복을 하나님이 주관하시고, 모든 인생이 하나님의 손안에 있다는 것을 믿고 살아가면 어떠한 고난을 만나도 내면이 무너지지 않는다. 그런데 믿음으로 살아가던 아브라함도 육신의 필요를 쫓아 애굽으로 내려가는 선택을 하자 그에게도 금세 불안과 두려움이 엄습했다.

첫 단추를 잘못 끼우면 나머지 모든 단추가 잘못 끼워진다. 이처럼 믿음으로 선택하지 못해 삶의 방향이 잘못 설정될 때가 있다. 처음에는 설마 하던 것이 나중에는 그 믿음 없는 선택으로 인해 자신의 내면은 물론 주변 사람과의 관계과 무너지는 등 모든 것이 뒤죽박죽으로 꼬인다.

아브라함은 자신의 생명을 유지하기 위해 아내를 누이동생으로 속였고, 비록 잠깐이지만 실제로 아내를 빼앗기는 상황에까지 처했다. 그중에도 진실을 말하지 않고 침묵하던 그의 모습은 한 인간의 처절한 실패를 드러낸다. 그와 같은 남편의 행동은 아내 사라의 마음에 얼마나 큰 상처와 고통을 가져다주었을까.

아브라함은 이렇게도 연약한 인간이었음에도 하나님은 그를 버리지 않으셨다. 오히려 애굽 왕 바로를 향하여 엄청난 진노와 꾸지람으로 아브라함의 아내 사라를 돌려보내게 하셨다. 연약한 아브라함의 실수와 허물이 있었지만 그를 품어주신 것이다. 결과적으로 아브라함은 사라로 인해 바로 왕으로부터 후대를 받아 많은 보화와 가축과 노비를 소유하는 축복을 얻게 된다.

우리가 믿는 하나님은 이처럼 자비(인자하심)가 크고 영원하시다. 시편 136편은 모두 26절로 이루어져 있는데, 처음부터 끝까지 "(여호와께) 감사하라 그 인자하심이 영원함이로다"
라는 동일한 표현으로 되어 있다. 인자하신 하나님은 아브라
함의 연약함과 실패의 모습을 끝까지 참아 주시고, 그 자신이
깨달을 때까지 기다려 주셨다. 아담이 선악과를 먹고 동산 나
무 사이에 숨었을 때도 "네가 어디 있느냐?"라고 부르시며 다
시 기회를 주셨던 것처럼 말이다(창 3:9).

사람은 위기나 시련 속에서 숨겨진 자기 자아의 진정한
모습을 발견하게 된다. 평상시에는 자신의 한계가 잘 드러나
지 않는다. 가면을 쓰고 있기 때문이다. 그러나 인생의 기근
을 만나게 되면 그의 숨겨진 자아의 실체가 드러난다. 누군가
로부터 비난을 받았을 때나 삶 속에서 갑작스러운 손실을 겪
었을 때 사람은 숨겨진 자아 본능이 실체를 드러내게 된다.
그래서 하나님은 아브라함이 기근을 통해 처절한 자기 실패
의 자아와 자기중심적이며 비뚤어져 있는 죄인으로서의 모
습을 스스로 직면하기 원하셨던 것이다.

사람은 자기 실패를 뼈저리게 경험해야만 하나님을 찾게
된다. 아브라함은 애굽에서 처절하게 실패한 자신을 맞닥뜨
린 후에, 그리고 자신의 비참한 실패에도 불구하고 오래 참으
시는 하나님의 사랑을 경험한 이후에 비로소 애굽으로부터
올라와서 하나님의 이름을 다시 부른다(창 13:1-4).

아브라함은 갈대아 우르와 하란에서 떠난 후 끊임없이 제
단을 쌓으면서 하나님을 의지하고 의뢰한다(창 12:8; 13:4). 여
호와의 이름을 불렀다는 것은 기도 생활을 의미한다. 아브라
함은 고난을 통해 믿음과 기도를 회복했다.

아브라함이 어려움을 이겨낼 수 있었던 이유

아브라함은 어떻게 어려움을 이겨낼 수 있었는가.

첫째, 예배 생활(제단 쌓기) **때문이다.** 아브라함의 아버지 데
라는 불신자처럼 우상을 섬겼던 반면에 아브라함은 처음부
터 성숙한 믿음은 아니었을지라도 가는 곳마다 끊임없이 제
단을 쌓았다(창 12:7-8; 13:4; 23:18).

단을 쌓고, 제물을 잡아 번제로 태워 드려야 했던 구약 시
대와 달리 지금은 어린양 되시는 예수 그리스도께서 영원한
화목 제물이 되시기에 그분을 힘입어 언제 어디서나 예배할
수 있다. 인생의 존재 목적은 하나님을 예배하고 찬송하게 하
기 위함이라고 성경은 말씀하고 있다(사 43:12, 21). 또한, 하나
님은 신령과 진정으로 예배하는 자들을 찾으신다고 했다(요
4:23-24).

둘째, 기도 생활 때문이다. 창세기 12장 8절과 13장 4절에서 아브라함이 '여호와의 이름을 불렀다'라는 표현은 아브라함의 기도 생활을 보여 준다. 그가 장막을 여러 번 자주 옮겨 다녀야 하는 어려운 상황 가운데에서도 기도 생활을 멈추지 않았다는 것이다.

상황이나 여건에 구애받지 않고 멈춤 없이 기도를 계속할 때 삶의 어떠한 현실적 난관도 이기고 극복할 수 있는 힘과 능력을 하나님으로부터 실질적으로 공급받게 된다(눅 18:1). 사람은 누구나 자신이 할 수 있는 것이 아무것도 없음을 깨닫게 되면 하나님을 진정으로 찾게 된다. 기도가 없는 인생은 아무것도 이룰 수 없다. 기도가 없으면 결국 쇠락과 패망에 이르게 된다. 반면, 기도하고 예배하면 어떤 어려움도 이겨 낼 수 있다. 그래서 사무엘 선지자는 "기도하기를 쉬는 죄를 여호와 앞에 결단코 범하지 않겠다"라고 선언했다(삼상 12:23).

예배 생활과 기도 생활은 믿음과 삶의 현실적 간극을 뛰어넘을 수 있는 동력을 제공한다. 그 많은 시간의 이주와 기근에도 불구하고 아브라함의 삶의 의지가 꺾이지 않았던 것은 본질, 즉 예배와 기도의 끈을 놓치지 않았기 때문이다.

오늘날에는 기업이든 공동체든 그 규모를 떠나서 본질을 사수해야만 살아남는 시대가 되었다. 교회도 진정으로 예배하고 기도하는 진짜 생명 공동체만 살아남을 것이다. 우리 힘을 의지하고 살면 백전백패이지만, 하나님만 바라보며 의지하고 예배와 기도로 나아갈 때 결국 아브라함이 승리한 것처럼 우리도 승리할 수 있다. 결코 어려움이라는 기근의 상황에 매몰되지 말아야 한다. 먹고사는 문제를 우선시하고 신앙을 차선으로 두어서는 안 된다. 눈앞의 상황과 현실이 어떨지라도 믿음으로 나아가며 하나님의 승리를 경험할 수 있어야 한다.

거저 주시는 은혜 속으로 들어가라

우리가 흔히 알고 있듯, 마태복음 1장에는 족보가 기록되어 있다. 믿음의 조상 아브라함부터 예수 그리스도에 이르기까지 42대에 이르는 혈통의 계승을 보여 주는 족보다. 누가복음 3장에도 족보가 나오는데, 둘 사이에는 다른 점이 있다. 마태복음의 족보에만 여인 이름 다섯이 기록되어 있다는 점이다. 다말, 라합, 룻, 우리야의 아내(밧세바), 마리아가 그들이다.

고대 근동에는 보통 공식적 문서에 여성의 이름을 기록하지 않았다. 그뿐만 아니라 사람의 수를 셀 때도 여인과 아이들은 포함하지 않았다. 여성과 아이들은 철저히 배제되거나 소외되는 것이 일반적인 분위기였다. 그런데 가장 공식적 기록인 족보에 여인의 이름이 등장한다는 것은 매우 이례적인 일이다. 더욱 놀라운 것은 그들 중 다말, 라합, 룻은 이방 여인이었다는 사실이다. 밧세바는 족보에서 '우리야의 아내'(6절)로 소개되었는데, 이는 우리야가 헷 족속 사람(삼하 11:3; 23:39)임을 부각하는 대목이다. 남편이 이방인이기에 본래 이스라엘의 딸인 밧세바도 이방인과 같은 위치임을 암시하는 것이다. 이처럼 예수님의 족보에 언급된 여인들이 마리아를 제외하고는 모두 이방인이었다.

다말은 가나안 여인이었다(창 38:2, 6). 라합은 가나안 땅 여리고 성에 살던 기생으로, 이방 여인이었다. 룻은 모압 여인으로서, 유대 땅 베들레헴 사람 나오미와 그녀의 남편 엘리멜렉이 흉년을 피해 모압 땅으로 가서 살던 중에 얻었던 둘째 아들 기룐의 아내가 되었던 여인이다. 신명기 23장 3절에 의하면, 모압의 후손들은 영원히 여호와의 총회에 들어오지 못하도록 되어 있다.

족보에 여인의 이름이 등장하는 것 자체가 불가능한 일인데, 이방인이라니 놀랍지 않은가. 그들은 세상적으로 내세울 것이 없는 사람들이었다. 인생에서 가난과 고난과 깊은 고통을 경험한 이들이었다. 그리고 윤리적인 면에서 크게 비난받을 수 있는 사람들이었다. 그런데 성경은 왜 예수님의 족보에서 감추어도 될 여인들의 이름을 드러내고 있을까. 거룩하신 하나님의 아들로서 온 세상의 구세주로 이 땅에 오신 영광스러운 이름 예수 그리스도의 족보에 오를 자격조차 없는 여인들의 이름을 드러내셔서 하나님은 어떤 메시지를 전하기 원하시는 것일까.

그들은 비천했고, 고통을 인내해야 했다

다말의 인생을 자세히 들여다보자. 그는 유다의 장남 엘의 아내였다. 유다는 야곱의 넷째 아들로, 요셉을 죽이려던 형제들을 설득해서 미디안 상인들에게 파는 것으로 유도했다. 그렇게 요셉을 살려 낸 후에 악한 형제들을 떠나 가나안 지역인 아둘람에 가서 정착한다(창 38:1). 유다는 그곳에서 가나안 여인 수아를 아내로 맞아 세 아들 엘, 오난, 셀라를 낳았고, 장남 엘은 가나안 여인 다말을 아내로 데려왔다. 그런데 엘이 자녀가 없이 죽었다. 당시 '계대 결혼'의 풍습대로 다말은 차남인 오난과 대를 이으려고 했지만 오난도 죽고 만다.

엘과 오난이 죽은 이유는 무엇인가. 여호와 보시기에 악했기 때문이다(창 38:7, 10). 그런데 사람들은 이 두 죽음의 원인을 다말에게서 찾는다. 시아버지 유다조차도 두 아들의 죽음이 며느리 다말 때문이 아닌지를 의심할 정도였다.

유다가 그의 며느리 다말에게 이르되 수절하고 네 아버지 집에
있어 내 아들 셀라가 장성하기를 기다리라 하니 셀라도 그 형
들같이 죽을까 염려함이라 다말이 가서 그의 아버지 집에 있으
니라 창 38:11

다말의 심적 고통은 이루 말할 수 없었을 것이다. 남편의
죽음도 견디기 힘든 상황인데, 죽음의 원인 제공자로 의심까
지 받는 상황은 연약한 여인이 감당하기에는 견디기 힘들었
을 것이다. 아무에게서도 이해받지 못하는 상황보다 더 큰 고
통의 상황은 없을 것이다.

라합의 고통은 무엇이었을까. 그는 가나안 땅 여리고 성
에 살던 이방 여인으로, 직업은 기생이다. 자신의 몸을 팔아
가족들을 먹여 살려야 했던 여인이다. 그녀의 집안 배경에 관
해서는 구체적으로 알 수 없지만, 아마도 그런 직업에 종사하
는 것을 가족들이 만류하지 않았던 것을 미루어 볼 때 경제적
으로도 매우 가난했을 것으로 짐작할 수 있다. 또한, 꽃다운
청춘의 몸을 돈 때문에 유린당해야 했을 것이다. 그런 상황을
견뎌야 하는 현실은 그녀가 처한 환경이 얼마나 열악하고도
불행했는지를 알려 준다.

룻은 어떤가. 그 역시 배우자가 먼저 죽는 매우 큰 고통에

직면했다. 더구나 시어머니인 나오미를 부양하며 생존해야 했다. 그는 들에서 쉼 없이 이삭 줍는 일을 해야 했다. 더구나 자기가 자라 온 곳이 아닌, 낯선 유대 땅에 와서 생존해야 했다. 쉼 없는 노동과, 남편과의 이별에서 오는 외로움, 그리고 이국땅에서의 설움과 고독, 문화적 이질감에서 오는 불편한 상황 등은 이루 말할 수 없이 고통스러웠을 것이다.

밧세바 또한 남편과의 이별을 경험한 여인이다. 또한 그녀는 타인에게 손가락질받는 고통을 겪어야 했다. 사람들은 아마도 그녀가 다윗을 유혹하고 남편 우리야를 죽음으로 내몰았다고 오해했을 것이다. 그 와중에 밧세바는 다윗과의 사이에서 태어난 첫아이를 죽음으로 떠나보내야 했다. 부모로서 자식을 먼저 하늘나라로 떠나보내는 일이야말로 극심한 고통이자 괴로움이다. 그뿐인가. 아들 솔로몬이 왕자의 신분으로서 왕위를 이어받지 못하게 될 것을 염려하며 불안과 두려움 속에서 살아야 했을 것이다. 특히 솔로몬은 장남도 아니었고, 한참 뒤에 태어난 왕자였기에 그녀의 불안감은 점점 커졌을 것이며, 이것은 그녀의 내면에 큰 고통으로 다가왔을 것이다.

그들은 윤리적으로 큰 비난을 받아야 했다

다말은 계대 결혼의 풍습에 따라 유다의 셋째 아들 셀라와 결혼해야 하는 상황이었다. 그런데 시아버지 유다의 오해로 오랫동안 친정에 머물러야만 했다(창 38:11, 26). 그때 다말은 길목에서 창녀 복장을 하고 유다를 유혹한다. 아내를 잃은 후 홀아비로 살던 유다는 그 유혹에 넘어가 다말과의 사이에서 쌍둥이를 잉태하는데, 그중 베레스가 예수 그리스도의 족보에 등재되는 축복을 누리게 된 것이다.

다말의 임신 사실이 알려지자 사람들은 그를 죽이려고 했다. 당시에는 홀로된 여인이 임신하면 불에 태우거나 돌을 던져 죽이는 풍습이 있었다. 이런 상황에서 다말은 그녀가 창녀인 줄 알고 유다가 양의 값을 대신하여 담보물로 맡긴 도장과 도장 끈, 지팡이를 이용해 죽음의 위기를 면한다.

라합은 여리고 성에 살던 기생으로 소개되지만, 사실 히브리어로는 '창녀'로 표기되어 있다(수 2:1). 이 말은 그가 매춘을 직업으로 삼던 여인이었다는 말이다. 당시 이 직업에 종사하는 사람은 큰 비난을 받았다. 그런데도 라합은 후에 다윗왕의 고조할머니가 되었다. 아마도 라합은 기생집을 오가는 여러 사람의 대화를 통해 여호와 하나님의 위대하심에 대하여 듣고 자기 족속의 안위보다 신앙을 선택했을 것이다.

존 가스탱(John Garstang)이라는 고고학자는 20세기 중반에 여리고 성을 발굴하다가 깜짝 놀랄 만한 두 가지 고고학적 사실을 확인했다. 하나는 여리고 성의 외벽과 내벽이 바깥으로 무너졌다는 사실이고, 또 하나는 여리고 성이 무너질 때 창문에 붉은 줄을 매단 기생 라합의 집과 여리고에서 1.6킬로미터 떨어진 길갈만 무너지지 않았다는 것이다. 이것은 신비한 하나님의 역사라고밖에는 설명할 방법이 없다.

룻은 이삭을 줍기 위해 외출했다가 귀가하면 하루 동안에 있었던 일을 시어머니 나오미에게 모두 이야기했다. 룻과 나오미의 대화를 살펴보면, 고부간의 관계가 건강했음을 알 수 있다. 하루는 룻이 보아스의 밭에서 이삭을 주울 때 보아스가 품꾼들에게 명령하여 곡식을 수월하게 얻을 수 있었다는 이야기를 했다(룻 2:15-16). 그러자 나오미는 "그가 누울 때에 너는 그가 눕는 곳을 알았다가 들어가서 그의 발치 이불을 들고 거기 누우라"(룻 3:4)라고 지시하였고, 룻은 그대로 행하였다. 이런 룻의 행동은 보아스가 이해해 주지 않았다면 큰 비난을 받을 수 있는 일이었다.

밧세바는 남편이 있는 여인으로서 다윗 왕과 동침한 일과 그 사실을 철저히 비밀에 부친 행위만 가지고도 충분히 비난받을 수 있었다. 그런데도 그는 다윗의 아내가 되었으며, 그의 아들 솔로몬은 다윗의 왕위를 계승하여 위대한 왕이 되는 축복을 누리게 된다. 이는 하나님의 특별한 섭리와 사랑이 아니고는 설명할 수 없는 이야기다.

하나님이 여인들을 사용하신 이유

이처럼 이 여인들은 이방 여인으로서 천대를 받았거나 많은 고통을 당했으며, 윤리적으로도 비난을 받을 만한 상황에 놓여 있던 인물들이었다. 그런데 왜 하나님은 이 여인들을 영광스러운 자리에 앉게 하셨을까.

첫째, 예수 그리스도를 통한 하나님의 구원 역사는 유대인만이 아닌, 모든 이방인을 포함함을 확증하기 위함이다. 유대민족은 배타적 선민주의에 빠져 있었다. 그들에게는 이방인들을 무시하는 자기 우월적 선민의식이 있었다. 그들은 하나님이 유대 민족만 사랑하시고, 구원해 주실 것이라고 여겼다. 하나님은 그들의 편협한 사고를 깨뜨리기 위해 예수 그리스도의 구원 역사 가운데 이방 여인들을 두셨다.

둘째, 하나님 사랑의 넓이와 깊이와 높이는 측량할 수 없음을 보여 주기 위함이다. 하나님은 당시 여인들과 같이 가장 비천하고 비난받는 사람들의 무수한 허물을 사랑으로 덮으시고 구원의 역사에서 주인공이 되게 하신다.

셋째, 하나님 안에서는 누구든지 역전의 인생을 살 수 있음을 보여 주기 위함이다. 하나님 안에서는 누구나 인생 역전과 재기의 기회가 있다. 사회에서 한 사람의 실수를 용납하지 않고 재기의 기회를 박탈하는 것은 성경적이지 않은 사탄 문화다. 사탄은 정죄하고 죽이고 빼앗고 비난하는 문화를 조장하지만, 하나님은 이것을 기뻐하지 않으신다.

스포츠 선수는 자신의 업적과 공로를 인정받아 자신의 이름이 명예의 전당에 오르는 것을 최고의 영광으로 생각한다. 그러나 예수님의 족보에 올라가는 것보다 더 큰 영광과 명예는 아닐 것이다. 네 명의 여인이 하나님 안에서 최고의 명예의 전당에 헌액되고 그 이름이 등재될 수 있었던 것처럼 우리도 예수님 안에서 역전의 인생을 살 수 있는 기회가 있다.

넷째, 예수 그리스도를 믿는 신앙은 한 개인의 죄와 허물을 능히 용서하는 것이다. 그뿐만 아니라 죄인일 수밖에 없는 한 사람일지라도 새로운 삶과 지위로 인도될 수 있음을 증명하고 있다.

다섯째, 우리 삶의 모든 것은 하나님의 섭리 안에 있다는 것이다. 우리 삶의 모든 상황, 실수와 허물, 고통의 상황까지도 하나님의 구원 계획을 위한 특별한 섭리와 방법 안에서 선용될 수 있음을 보여주기 위함이다.

그들은 모두 신앙인이었다

다말이 유다에게 받아 굳게 붙들고 있다가 증표로 제시한 지팡이, 도장과 도장 끈은 영적으로는 십자가를 붙든 것과 같다. 그래서 다말은 죽음의 상황에서 살아날 뿐만 아니라 다윗왕과 예수 그리스도의 혈통적 조상이 되는 영광스러운 지위를 갖게 되었다.

라합은 "너희의 하나님 여호와는 위로는 하늘에서도 아래로는 땅에서도 하나님이시니라"(수 2:11)라고 '상천하지(上天下地)'의 하나님을 고백했다. 그가 증표로 매단, 창문으로 내려오는 붉은 줄은 영적으로 예수님의 보혈을 의미한다. 예수님의 보혈은 어떤 죄도 흰 눈같이, 양털같이 깨끗하게 한다. 그 붉은 줄 덕분에 여리고 성이 무너지고 정복당할 때 그녀와 그 집 안에 있던 가족들은 모두 구원을 받는다(수 2:18 ; 6:22, 25).

나는 예배를 인도하기 위해 강단에 올라서면 늘 드리는 기도가 있다. "예수님은 나의 의와 거룩함과 구속함과 구원이 되십니다"라고 고백하며 알게 모르게 지었던 모든 죄를 예수님의 피로 정결케 하여 주시기를 기도한다. 그러면 주님이 임재하셔서서 "내가 너를 사랑한다"라고 말씀하신다. 예수님의 피는 어떤 죄와 허물도 깨끗하게 하신다. 이것이 인류 최고의 복음이다. 기생 라합이 구원받고 하나님의 일꾼이 되었듯이, 누구든 예수님의 피를 통과하면 하나님은 그 사람의 과거를 묻지 않으신다.

《주는 나의 피난처》의 저자 코리 텐 붐(Corrie ten Boom)은 나치 수용소에서의 학대와 고통을 견뎌 낸 사람이다. 그는 책에서 예수 그리스도의 십자가 보혈과 구속의 사랑을 말하면서 크고 넓은 바다에 세워 놓은 표지판을 예로 든다. 하나님이 우리의 모든 죄악을 발로 밟으시고 깊은 바다에 던지셨는데(미 7:19), 이것은 마치 하나님이 그 해변에 '낚시 금지'라는 팻말을 꽂아 놓으신 것과 같다는 것이다. 우리는 과거의 죄와 모든 허물을 보혈로 용서받았다. 주님은 그 죄와 허물을 다시 끄집어내는 일을 금하셨다. 주님은 과거를 묻지 않으신다. 그것이 복음의 영광이다.

룻이 이르되 내게 어머니를 떠나며 어머니를 따르지 말고 돌아가라 강권하지 마옵소서 어머니께서 가시는 곳에 나도 가고 어

머니께서 머무시는 곳에서 나도 머물겠나이다 어머니의 백성이

나의 백성이 되고 어머니의 하나님이 나의 하나님이 되시리니

룻 1:16

젊은 여인이 연로한 시어머니를 따라가서 무엇을 얻을
수 있겠는가. 그러나 나오미가 두 며느리를 고향으로 돌려보
낼 때 둘째 며느리 룻은 돌아가지 않고 "어머니의 백성이 나
의 백성이 되고 어머니의 하나님이 나의 하나님이 될 것입니
다"라고 고백한다. 그리고 룻은 시어머니를 모시기 위해서 국
경을 넘는다. 살아 계신 하나님은 룻의 이러한 신앙을 어여삐
보시고 보상해 주셨다.

밧세바는 다윗에게 찾아가서 하나님 앞에서 했던 약속을
상기시킨다(왕상 1:17). 하나님의 이름으로 약속한 것을 이루
어달라고 하는 것, 이것이 믿음이다. 솔로몬은 왕자로서 서
열도 낮았지만, 밧세바는 믿음을 가지고 솔로몬을 왕으로 세
워 달라고 적극적으로 간청했다. 그렇게 하나님은 다윗과 밧
세바의 불륜을 주님의 피로 덮어 주시고 솔로몬을 왕위에 세
우신다. 이 과정에서 나단 선지자를 보내서 솔로몬의 이름을
'여디디야'라고 바꿔 주시는데, 그 이름에는 '하나님의 사랑
을 입은 자'라는 의미가 담겨 있다(삼하 12:25).

하나님은 왜 다윗과 밧세바 사이에서 태어난 아들 솔로몬을 왕으로 세우셨을까. 이를 시기하는 사람들이 정통성을 문제 삼을 수 있는데도 말이다. 본래 하나님의 크신 사랑은 다 이해할 수가 없는 것이다. 앞에 언급된 여인들은 비천하고 고통스러운 인생을 살았지만, 하나님은 그녀들의 믿음을 보시고 인생을 역전시켜 주셨다. 사랑받을 수 없는 존재를 하나님이 사랑하신다는 사실은 인류에게 가장 복된 소식이다.

신앙은 모든 핸디캡을 극복한다

우리가 여기에서 발견할 수 있는 교훈은 무엇일까?

첫째, 신앙은 모든 핸디캡을 극복할 수 있다는 것이다. 우리는 신앙이 있음에도 눈에 보이는 사회적 지위와 물질로 나의 허물과 부족한 점을 극복하려고 하지는 않는가 돌아보아야 한다. 신앙이면 충분하다.

둘째, 열악한 환경은 열등이 아니라 우등 환경이 될 수 있다는 것이다. 자격도 없이 예수님의 족보에 이름을 올린 이 여인들은 보통 사람이면 일찍 포기할 수도 있는 환경에서도 끝까지 하나님을 붙들고 견뎌 내며 생존했다. 그런데 훗날 인생을 돌아보니 열등 환경인 줄 알았던 상황이 최선의 환경이었음을 알게 되는 것이다.

셋째, 신앙의 힘은 실수와 허물을 능히 덮을 수 있을 뿐만 아니라 하나님의 그 큰 사랑의 영광을 드러내는 도구가 될 수 있다는 것이다. 만약 세상적으로 조건을 다 갖춘 사람이 족보에 등재되었다면 누구나 이를 당연하게 여겼을 것이다. 미디안의 15만 7,000명과 싸워 승리하게 하신 기드온의 용사 300명도 하나님의 영광을 드러내는 도구로 쓰임 받았다. 하나님은 모든 것을 갖춘 사람 대신에 내세울 것 없고 부족하고 허물 많은 사람을 도구로 쓰신다. 그럴 때 하나님의 역사하심과 능력이 나타나면서 하나님께 영광을 돌리기 때문이다.

넷째, 깊은 죄의 자각은 하나님의 사랑과 은총의 크기에 감동하는 근원이 된다는 것이다. 영원을 지옥에서 보낼 수밖에 없는 나를 구원하셨으니 얼마나 감사한 일인가. 우리는 다 하나님 앞에서 죄인이다. 다만 용서받은 죄인일 뿐이다. 그래서 우리는 내세울 것 없는 나를 구원하신 은혜에 감사하며 하나님의 자녀로 삼아 주시고 일꾼 삼아 주심에 날마다 감사해야 한다.

다섯째, 삶의 핸디캡은 삶과 사역의 넓이와 깊이를 더해 줌으로써 넓은 포용력과 깊은 수용성을 갖게 된다는 것이다. 누가 나에 대해 험담하거나 오해하는 말을 하더라도 하나님이 그 오해와 억울함을 해결해 주실 것을 믿고 기다리면 '그런가 보다' 하는 마음을 가질 수 있다.

여섯째, 하나님은 연약한 자들을 사용하셔서 복음의 영광을 드러내신다는 것이다. 자격 없는 여인들이 영광스러운 예수님의 족보에 이름이 기록된 것처럼, 자격 없는 우리가 주님의 은혜와 복음의 영광 때문에 영광스러운 하나님 아버지의 자녀가 되었다. 하나님이 왜 나처럼 부족하고 연약한 사람을 사용해 주시는지 우리는 그 이유를 설명할 수가 없다. 그것은 오직 은혜로만 설명할 수 있는 일이다.

다말, 라합, 룻, 밧세바, 이 네 여인은 모두 어둠 속에서 헤매던 인생이었지만 끝까지 주님을 붙들고 승리했다. 우리도 주님을 붙들고 거저 주시는 은혜 속으로 들어가야 한다.